Vitório Donato

Manual do Almoxarife

O Guia básico do profissional de Logística

Manual do Almoxarife – O Guia básico do profissional de Logística

Copyright© Editora Ciência Moderna Ltda., 2010
Todos os direitos para a língua portuguesa reservados pela EDITORA CIÊNCIA MODERNA LTDA.
De acordo com a Lei 9.610 de 19/2/1998, nenhuma parte deste livro poderá ser reproduzida, transmitida e gravada, por qualquer meio eletrônico, mecânico, por fotocópia e outros, sem a prévia autorização, por escrito, da Editora.

Editor: Paulo André P. Marques
Supervisão Editorial: Camila Cabete Machado
Copidesque: Nancy Juozapavicius
Capa: Cristina Satchko Hodge
Diagramação: Cristina Satchko Hodge
Assistente Editorial: Aline Vieira Marques

Várias **Marcas Registradas** aparecem no decorrer deste livro. Mais do que simplesmente listar esses nomes e informar quem possui seus direitos de exploração, ou ainda imprimir os logotipos das mesmas, o editor declara estar utilizando tais nomes apenas para fins editoriais, em benefício exclusivo do dono da Marca Registrada, sem intenção de infringir as regras de sua utilização. Qualquer semelhança em nomes próprios e acontecimentos será mera coincidência.

FICHA CATALOGRÁFICA

DONATO, Vitório.
Manual do Almoxarife – O Guia básico do profissional de Logística
Rio de Janeiro: Editora Ciência Moderna Ltda., 2010

1. Administração de Material
I — Título

ISBN: 978-85-7393-883-8   CDD 658.7

Editora Ciência Moderna Ltda.
R. Alice Figueiredo, 46 – Riachuelo
Rio de Janeiro, RJ – Brasil   CEP: 20.950-150
Tel: (21) 2201-6662 / Fax: (21) 2201-6896
LCM@LCM.COM.BR
WWW.LCM.COM.BR

DEDICATÓRIA

Aos meus pais Diógenes e Solange

Aos meus filhos Yudi, Akio e Kenzo

*Aos meus irmãos Ricardo, Savana,
Claúdia, Giane, Dénio
e Tasso (em memória).*

PREFÁCIO

A função de almoxarife vem demandando profissionais cada vez mais qualificados para o desenvolvimento dos trabalhos nas diversas atividades dos almoxarifados. Esse profissional tem por função principal receber, movimentar cargas, conferir, preservar, armazenar, expedir e movimentar todos os materiais utilizados pelas organizações.

Elaborado para servir como uma ferramenta de consulta para o trabalho, este livro fornecerá conhecimentos teóricos básicos, assim como indicará regras, procedimentos gerais e melhores práticas que orientarão o Almoxarife no desenvolvimento do seu trabalho, possibilitando um melhor desempenho da função.

Para facilitar a organização dos temas abordados neste livro, classificamos primeiramente em partes e as partes desdobradas em capítulos onde são abordadas as principais atividades executadas pelos almoxarifes. Desta forma, na parte I e realizado um nivelamento dos conhecimentos básicos necessários para um bom acompanhamento dos assuntos abordados no livro e logo no capítulo 1 apresentamos a definição da função e as competências deste profissional já que existe uma grande confusão no mercado de trabalho quanto às habilidades e competências de um almoxarife. São discutidas as ferramentas matemáticas básicas para o desenvolvimento das atividades de almoxarife no Capítulo 2 e como as empresas se organizam no Capítulo 3. Iniciando a parte II – fundamentação teórica, no Capítulo 4, é apresentada a teoria para implantação de uma maior segurança na movimentação dos materiais, no Capítulo 5, é tratado o tema higiene e segurança do trabalho. São apresentadas as principais simbologias utilizadas nas embalagens no Capítulo 6 e finalizando a parte II, no Capítulo 7 são apresentados os padrões de qualidade mínimos necessários em um almoxarifado.

VI

MANUAL DO ALMOXARIFE

A parte III aborda as melhores práticas logísticas e no Capítulo 8 são abordados os procedimentos e sistemas de identificação e localização dos materiais. Já o capítulo 9 trata de alguns procedimentos básicos de recebimento de materiais e o armazenamento de materiais será tratado no Capítulo 10.

Em seguida estaremos abordando na parte IV os sistemas de amarração de cargas sendo que esta é uma atividade extremamente importante na logística, pois as cargas expedidas estarão transitando em estradas e outros meios físicos e, sem o conhecimento básico de amarração de cargas, o almoxarife estará contribuindo, involuntariamente, para acidentes envolvendo cargas. Na parte IV serão tratados os sistemas de amarração de cargas e iniciando com o Capítulo 11 - Os princípios de amarração das cargas. Os acessórios para Amarração de Cargas - (AAC) são apresentados no Capítulo 12 e no Capítulo 13, os principais tipos de amarração de cargas.

Finalmente na parte V, apresentamos no Capítulo 14 Os princípios da Movimentação de Carga. No Capítulo 15 os Acessórios de Movimentação de Cargas (AMC). No capítulo 16 os Equipamentos para Movimentação de Cargas (EMC) e finalmente o capítulo 17 trata da inspeção dos acessórios e equipamentos de amarração e movimentação de carga.

O presente trabalho é fruto de anos de pesquisa e observações nos mais diversos tipos de almoxarifados, desde empresas petroquímicas, empresas do comércio varejista, empresas mineradoras e concessionárias de energia elétrica.

Sendo a primeira edição, é possível a existência de falhas que deverão ser sanadas; quaisquer sugestões por parte dos leitores terão a melhor receptividade, pois, assim, este livro poderá ser melhorado e atualizado periodicamente.

O autor

SUMÁRIO

PARTE I
Fundamentação teórica 1

Capítulo 1
O almoxarife 5
Histórico 5
Competências básicas do almoxarife 6
Quais são as denominações mais usuais da profissão 9
Atribuições básicas de um almoxarife 11

Capítulo 2
Matemática básica aplicada à logística 19
Histórico dos sistemas de peso e medidas 19
Sistema de medidas na atualidade 21
Conversão de sistemas de medidas 22
Cálculo de áreas 24
Cálculo de perímetros 25
Medidas de volume 27
Converção de tonelada em metro cúbico 29
Densidade, massa e peso 30
Porcentagem 33

Capítulo 3
Organização interna das empresas 37
Definição de empresa 37
Modelo de organização 37
Gerência administrativa 38
Gerência de logística 40
Gerência de finanças 44
Gerência de planejamento e coordenação 46
Gerência técnica 47

VIII
MANUAL DO ALMOXARIFE

PARTE II
Fundamentação técnica..49

Capítulo 4
Segurança do trabalho na movimentação de materiais 51
CIPA...51
Principais métodos para garantir a segurança do almoxarife 52
Permissão de trabalho 55
Higiene e segurança do trabalho.. 57
Incidente de trabalho.. 57
Acidentes de trabalho.. 57
Ato inseguro e condição insegura...59
Prevenção de acidentes do trabalho 59

Capítulo 5
Saúde e meio ambiente 61
Prevenção da poluição... 62
Logística verde 63
Ecologia 64
Variável ambiental...65
Logística reversa 66

Capítulo 6
Embalagens 67
Classificação das embalagens...67
Embalagens reutilizáveis 68
Simbologia utilizada nas embalagens 69
Tipos de símbolos de advertência 72
Tipos de símbolos de risco... 72
Tipos de símbolos de alerta para o manuseio 73

Capítulo 7
Padrões de qualidade... 75
Padrões de qualidade no almoxarifado 76
Histórico da qualidade 77

SUMÁRIO

Melhores práticas para implantação de um progama de qualidade no almoxarifado 78
Fatores críticos de sucesso 78

PARTE III
Melhores práticas logísticas 85

Capítulo 8
Sistema de identificação de materiais 87
Dispositivos de identificação de materiais 87
Etiqueta de identificação 87
Sistema de localização de materiais 90
Etiqueta de localização 90
Políticas de localização 91
Localização por famílias de especialidade de materiais 91
Localização extra ou reserva temporária 92

Capítulo 9
Recebimento e conferência de materiais 95
Tipos de conferência de recebimento 95
Importância e características da conferência 96
Perfil do profissional de recebimento 96
Documentos de referência 97
Procedimentos básicos 98
Formação de lotes para amostragem 101
Amostra 102
Melhores práticas para o recebimento e conferência de materiais 103

Capítulo 10
Armazenamento de materiais 113
Política de armazenamento 113
Sistema de endereçamento 114
Regras básicas de classificação de materiais no estoque 116
Manuseio de material 117
Melhores práticas de armazenamento de materiais 117

MANUAL DO ALMOXARIFE

Condições básicas para o armazenamento 117
Recomendações básicas para armazenamento de algumas categorias de materiais 118

PARTE IV
Sistemas de amarração de cargas...123

Capítulo 11
Princípio da amarração de cargas 127
Principais atividades que antecedem a amarração de carga 128
O que é estiva?...128
Fixação de cargas 131
Escoramento 134
Travamento 135
Desapeação de cargas 137
Cuidados na utilização de cabos... 138
Cuidados na utilização de cintas... 139

Capítulo 12
Acessórios para amarração de cargas - AAC................................. 141
Cabos de aço e terminais...142
Catracas 143
Cintas 145
Cordas.. 146
Correntes 148
Esticadores 148
Redes 150
Terminais (end fittings)... 150
Indicadores de tensão - TFI... 151

Capítulo 13
Tipos de contenções de cargas 153
Amarração por atrito 154
Amarração envolvente – tying-down...155
Amarração direta 156

SUMÁRIO

Amarração diagonal 157
Amarração inclinada 158

PARTE V
Sistemas de elevação e movimentação de cargas 161

Capítulo 14
Princípios da movimentação de cargas 165
Equipamentos de elevação e transporte 165
Movimentação por içamento 166
Estudo de carga 168
Carga limite de trabalho 169
Utilização de equipamentos e acessórios fora de sua finalidade 169
Cargas súbitas 169
Planejamento da movimentação de materiais 169
Centro de gravidade 170
Centro de gravidade de um corpo de formato regular (simétrico)....170
Equilíbrio de um corpo suspenso 171
Principais tipos de pega 171
Cesta (basket) 171
Forca (choker) 172
Lingada (hitch) ou eslingas 174

Capítulo 15
Acessórios para movimentação de cargas - AMC 175
Alavanca 175
Roldanas 176
Patesca (snatch block) e catarina 176
Moitão 177
Estropo e lingada 178
Balancim 179
Ganchos 180
Esticadores 180
Manilhas (shackles) 181
Anelão 181

XII
MANUAL DO ALMOXARIFE

Tornel ou destorcedor 182
Olhal 182

Capítulo 16
Equipamentos para movimentação de cargas - EMC 185
Carro prancha 185
Talha (tackle) 185
Pórtico (fixo e móvel) 187
Empilhadeira 188
Ponte rolante e monovia 190
Caminhão 192
Guindaste em geral 192

Capítulo 17
Inspeção de acessório e equipamento de movimentação de carga 197
Inspeção de equipamentos de movimentação de cargas 203

Glossário 207

Referências 213

Anexos 215

Índice remissivo 227

Parte I
FUNDAMENTAÇÃO TEÓRICA

3
FUNDAMENTAÇÃO TEÓRICA

A atividade de almoxarife constitui uma função crítica nas empresas, e a eficiência de um almoxarifado tem impacto significativo no sucesso das empresas e, especificamente, na manutenção de um alto nível de serviço ao cliente. A publicação do livro "Manual do Almoxarife" tem os seguintes objetivos:

1- Treinar pessoas leigas nos conhecimentos técnicos básicos da área de administração de materiais que o habilitem a ingressar no mercado de trabalho como almoxarife, estoquista, auxiliar de estoque, auxiliar de almoxarife, auxiliar de almoxarifado ou em atividades similares de controle e administração de estoque de materiais.

2- Desenvolver os profissionais que já atuem na área de almoxarifado ou em controle de estoque e que necessitem de aperfeiçoamentos profissionais para um melhor desempenho ou para conseguir ascensões em suas profissões.

3- Auxiliar empresas que queiram qualificar seus almoxarifes, auxiliares de estoque, estoquistas, encarregados de controle de estoque etc. com o objetivo de aumentar produtividade, melhorar os níveis de serviço além de reduzir perdas.

Capítulo 1

O ALMOXARIFE

Este livro foi preparado para auxiliar no treinamento e na qualificação dos profissionais que atuam na área da logística na função de almoxarife. O Almoxarife terá de estar capacitado com conhecimentos básicos (matemática, organização das empresas, etc.), conhecimentos técnicos em (armazenagem, embalagens, segurança, qualidade, etc.), conhecimentos de práticas logísticas (Recebimento e conferência de materiais e armazenamento), conhecimentos de sistemas de movimentação e amarração de materiais (acessórios e equipamentos para movimentação de materiais), associando-os à prática das macro-funções inerentes da atividade logística de: movimentação de cargas e inspeção de acessórios e equipamentos de movimentação de cargas.

O Almoxarife deve trabalhar planejando as suas atividades a fim de lhes permitir um desempenho mais eficiente no uso de técnicas a serem aplicadas nas diversas atividades do sistema de administração de materiais.

Sua trajetória na organização deve ser orientada no sentido de atender as necessidades dos clientes internos e externos.

Histórico

O termo almoxarife deriva do árabe al-muxrif, que significa tesoureiro. É um termo antigo para designar o cobrador de portagem. Designa ainda o profissional responsável pelo depósito (fiel de armazém) e pela distribuição e movimentação de materiais manufaturados, insumos e matérias-primas.

Hoje é designado almoxarife o profissional que trabalha no almoxarifado. Almoxarifado é a unidade física e administrativa responsável pelo controle e pela movimentação dos bens de consumo de uma empresa.

Competências básicas do Almoxarife
As atividades básicas do almoxarife são:

- Recepcionar
- Conferir
- Preservar
- Etiquetar
- Armazenar
- Expedir

Em almoxarifados, armazéns, silos e depósitos.

Organizar o almoxarifado para facilitar a movimentação dos itens já armazenados e a serem armazenados e separar produtos e materiais a ser expedido. Amarrar e travar cargas, produtos e materiais em uma unidade de transporte. A tabela 1.1 apresenta as competências e habilidades básicas necessárias para o bom desempenho do profissional na função de almoxarife.

Competência	Habilidades	Abrangência
Social	Capacidade de socialização.	Saber conviver com pessoas.

FUNDAMENTAÇÃO TEÓRICA

Comunicação Verbal	Capacidade de se comunicar com os outros oralmente assegurando que a mensagem seja recebida no formato pretendido.	Usar linguagem que possa ser entendida pelo receptor; Usar um diálogo claro que possa ser ouvido e entendido; Usar um volume e tom de voz que acompanhe as necessidades do receptor; Divulgar informação precisa; Passar o recado ao receptor dentro do prazo que garanta que a informação ainda compense.
Ouvir	Capacidade de ouvir para assegurar que o que está sendo comunicado seja precisamente recebido.	Ouvir atentamente o que está sendo falado; Encorajar mais a comunicação se o recado não é claramente entendido; Entender o que não está sendo "falado";

Comunicação eletrônica	Capacidade de se comunicar transmitindo e recebendo mensagens.	-Atender ligações; -Identificar-se e sua organização; -Cumprimentar aquele que telefona de maneira educada e registrar com precisão as suas necessidades; -Responder as perguntas ou recorrer a alguém que possa; -Registrar as mensagens com precisão; -Realizar comunicações externas dizendo o propósito precisamente e claramente aos receptores.
Comunicação escrita	Capacidade de receber e despachar a comunicação por escrito entendendo a mensagem (ler/interpretar/ escrever).	Ler as instruções, boletins/ sinais de segurança e entender a mensagem; Escrever de maneira positiva, exibindo um propósito claro; Definir quando a comunicação escrita deverá ser usada em oposição à comunicação global; Verificar a informação em um formato de leitura simples que possa ser entendido pelo público alvo;

FUNDAMENTAÇÃO TEÓRICA

Disciplinar	Capacidade de cumprir padrões e normas de procedimento	Ler e cumprir normas de segurança, operação, qualidade e normas administrativas da empresa; Estar treinado e atualizado para operar equipamentos; Só operar equipamentos para os quais esteja qualificado.
Motora	Capacidade de operar equipamentos de movimentação de carga	Estar capaz e apto física e mentalmente para operar equipamentos de movimentação de carga; Estar apto a avaliar distâncias, alturas e volumes.
Física	Capacidade de movimentar cargas até o limite admissível por lei.	Estar capaz e apto física e mentalmente para movimentar cargas; Estar apto a avaliar distâncias, alturas e volumes.

Tabela 1.1 competências e habilidades básicas de um almoxarife

QUAIS SÃO AS DENOMINAÇÕES MAIS USUAIS DA PROFISSÃO

- Almoxarife
- Ajudante
- Auxiliar /Ajudante de Almoxarifado
- Auxiliar de Almoxarife

MANUAL DO ALMOXARIFE

- Auxiliar /Ajudante de Depósito
- Auxiliar /Ajudante de Estoque
- Controlador de Estoque de Materiais
- Estoquista
- Auxiliar /Ajudante de Serviços Gerais

ESCOLARIDADE MÍNIMA PARA EXERCER A ATIVIDADE DE ALMOXARIFE

A escolaridade mínima e qualificação profissional necessária para que o almoxarife possa exercer a atividade com um desempenho satisfatório é a seguinte:

- 1° grau completo (mínimo)
- Curso básico de almoxarife (obrigatório)
- Curso de operação de empilhadeira, ponte rolante, deve possuir CNH, (desejável)
- Curso de movimentação de carga (desejável)
- Curso de amarração de cargas (desejável)
- Curso de relacionamento interpessoal (desejável)
- Curso de higiene pessoal e segurança do trabalho (desejável)
- Curso introdutório de qualidade (obrigatório)

ASCENÇÃO PROFISSIONAL

O profissional que exerce a função de almoxarife pode ascender profissionalmente de acordo com os seguintes cargos relativos à carreira da área de suprimento:

- Almoxarife (I, II e III)
- Assistente de Suprimento (I, II e III)
- Técnico de Suprimento (I, II e III)
- Profissional de Nível Superior (Junior, pleno e sênior)

FUNDAMENTAÇÃO TEÓRICA

ATRIBUIÇÕES BÁSICAS DE UM ALMOXARIFE

As funções básicas onde o profissional almoxarife capacitado pode atuar são:

• Atuar no recebimento de materiais: NF e conhecimento de fretes
• Atuar no carregamento e descarregamento de veículo transportador
• Auxiliar na conferência (física e documental)
• Atuar na preservação dos materiais
• Realizar o armazenamento dos materiais
• Atuar na reposição e abastecimento
• Auxiliar na realização de inventários
• Atuar na expedição e distribuição
• Atuar na amarração e movimentação de cargas
• Atuar no processo de alienação de materiais
• Operar empilhadeiras veículos (desde que possua as habilitações)
• Operar pontes rolantes e pórticos (desde que possua as habilitações).

Detalhamento das atribuições básicas do almoxarife

As atribuições básicas do almoxarife são: o recebimento de materiais, conferência de materiais, preservação de materiais, armazenamento, expedição, inventário, distribuição, amarração e movimentação de cargas. A seguir será detalhada cada uma dessas atribuições.

Atuar no Recebimento

Para o desenvolvimento das atividades de recebimento é necessário que o almoxarife tenha conhecimentos sobre notas fiscais, coordenação de atividades e matemática básica, evitando desta forma dúvidas no recebimento dos materiais.

Atividades de Recebimento de Materiais

As principais atividades a serem realizadas no recebimento de materiais são as seguintes:

MANUAL DO ALMOXARIFE

• A programação do recebimento dos veículos transportadores realizando previsões de chegada
• A orientação e a coordenação das atividades de seqüenciamento de descargas em geral, uso econômico dos recursos
• Identificação de volumes. Esse tema será tratado em maiores detalhes no capítulo 8
• O recebimento, a preservação das embalagens, o armazenamento temporário, a distribuição e o controle de todos os materiais recebidos. Esse assunto será tratado com mais detalhes no Capítulo 9 deste livro.

Atuar no Carregamento e Descarregamento de veículo transportador
Para o desenvolvimento das atividades de carregamento e descarregamento é necessário que o almoxarife tenha conhecimento sobre sinalização de embalagens, movimentação e amarração de cargas, evitando dessa forma dúvidas na movimentação dos materiais.

Atividades no Carregamento e Descarregamento de Materiais

• Confirmar o peso da carga a ser movimentada
• Verificar a capacidade de carga dos acessórios e equipamento de movimentação
• Verificar o centro de gravidade da carga
• Verificar se a carga está livre, solta e sem travamentos
• Verificar a área de trabalho para confirmar se a operação será realizada em área livre de fiação, postes ou outras interferencias que possam provocar acidentes
• Verificar sempre se o solo onde estará o equipamento de movimentação suportará o peso da carga somados ao do equipamento.

Esse tema será tratado em maiores detalhes nos capítulos 02, 06, 07 e 14.

Atuar na Conferência de Materiais
Para o bom desenvolvimento das atividades de conferência, é ne-

FUNDAMENTAÇÃO TEÓRICA

cessário que o almoxarife tenha conhecimento das especificações, sistemas de peso e medidas. Conversão de unidades de medidas, qualidade e de padronização, evitando assim dúvidas na conferência dos materiais. A assistência do setor técnico é indispensável para resolver qualquer questão conflitante quanto à especificação dos materiais.

Atividades de Conferência de Materiais

- Executar a conferência técnica de todo o material recebido; recorrendo sempre, quando for matéria-prima, aos laboratórios próprios ou, dependendo do material, ao próprio setor usuário
- Registro e arquivo de todo documento utilizado
- Identificação (etiquetagem) dos materiais recebidos
- Liberação de toda nota fiscal recebida em um prazo máximo de 24 h.

Esse assunto será tratado com mais detalhes no Capítulo 9 deste livro.

Preservação de Materiais

A boa conservação dos materiais exige conhecimento geral sobre o comportamento de cada material, seu peso, tipo, forma física, consistência, compatibilidade com outros materiais, influência do microclima sobre os materiais armazenados como também a influência do macroclima.

Atividades de Preservação de Materiais

- Remoção da embalagem de viagem
- Aplicação das técnicas de preservação recomendadas
- Confeccionar embalagens para estocagem
- Embalar
- Identificar.

Atuar no Armazenamento

Para o desenvolvimento das atividades de armazenagem de materiais, é necessário que o almoxarife obedeça ao sistema de localização definido. Esse assunto será tratado com mais detalhes nos Capítulos 08 e 10 deste livro.

Atividade de Armazenamento de Materiais

- Realizar a armazenagem
- Localizar o material novo no sistema. Esse tema será abordado com mais detalhes no Capítulo 8 deste livro
- Realizar movimentação do material mais antigo para que saia primeiro
- Zelo pela boa conservação dos materiais sob sua guarda e responsabilidade.

Atuar na Reposição e Abastecimento

Para o desenvolvimento das atividades de reposição e abastecimento de materiais, é necessário que o almoxarife obedeça ao sistema de localização definido, de modo que, quando receber material novo, movimente o mais antigo para que esse fique na frente dos materiais a serem armazenados.

Atividade de Reposição e Abastecimento de Materiais

- Separar material do estoque para reposição de gôndolas ou expositores
- Transferir material do estoque para os locais de atendimento
- Arrumar o local de atendimento (remover restos de embalagens ou materiais danificados)
- Utilizar a política de que o material que já esta no estoque deve sair primeiro.

Atuar na Amarração e Movimentação de cargas

Para o desenvolvimento das atividades de Amarração e Movimentação de cargas, é necessário que o almoxarife obedeça as normas de segurança e os procedimentos específicos para essa atividade. Nos capítulos de 14 a 17, esses temas serão abordados de forma mais abrangente, de modo que, quando movimentar material, isso seja feito da forma mais segura possível.

Atividades de amarração e movimentação de cargas

- Observar normas de segurança
- Sempre que subir na carga para amarração ou enlonamento, utilizar o cinto de segurança preso a guia
- Remover os nós das cordas, cintas e cabos de aço, pois eles reduzem a resistência dos acessórios de amarração, vide cap. 14 a 17
- Verificar se os cabos, cordas e cintas estão em perfeito estado de conservação, vide capitulo 17 – inspeção de acessórios e equipamentos de movimentação de cargas.

Auxiliar na realização de inventários

O controle dos estoques tanto pode ser simples como complexo; certamente serão realizadas conferências periódicas, de forma a atender os procedimentos e normas administrativas de cada empresa, visto a peculiaridade de cada almoxarifado, onde será fundamental o processo de verificação de estoque, analisando sua eficiência e aplicando diante da sua necessidade, o resuprimento através de inventários, com o intuito de manter o estoque físico igual ao estoque contábil.

Atividades de Inventário de Materiais

- Checagem para inventário (identificar se os materiais estão no devido local)
- Colocação de etiquetas de inventário
- Arrumação do material (caso seja necessário)

- Contagem
- Recontagem

Atuar na Expedição e Distribuição

Em um almoxarifado é dada grande importância as atividades referentes a receber, preservar, armazenar e controlar, na parte distribuir repousa grande parcela de responsabilidade desse setor, tendo em vista que as quatro primeiras operações ficarão superadas se a distribuição ou fornecimento ou expedição, não obedecer à determinação que visa atender ao pedido de material no prazo estabelecido.

Atividades de Expedição e Distribuição de Materiais

- Receber listagem de material
- Separar colocando em embalagens
- Retirar do local de armazenamento sobra de embalagens
- Deixar o local de armazenamento arrumado
- Manter cópia da listagem de separação junto ao material separado
- Regularizar estoque contábil (caso não seja automático)

Auxiliar na Alienação de Materiais

O controle de materiais não servíveis tanto pode ser simples como complexo, certamente terá de ser adaptado, por vezes, quanto às formas, procedimentos e normas administrativas de cada empresa, visto a peculiaridade de seu almoxarifado, onde será fundamental o processo de verificação de estoque, analisando sua eficiência e aplicando diante da sua necessidade. O grupo dos materiais inservíveis é composto de: materiais refugados, materiais e bens patrimoniais obsoletos, quando devidamente liberados pelas áreas responsáveis.

FUNDAMENTAÇÃO TEÓRICA

Atividades de Alienação de Materiais

- Contagem dos itens
- Preparação de lotes (arrumação, identificação, contagem, etc)
- Catalogar os materiais
- Acompanhar visita dos interessados
- Preparar materiais alienados para entrega aos compradores.

Operar empilhadeiras e veículos automotores

Para o desenvolvimento das atividades de operação de equipamento de movimentação, é necessário que o almoxarife obedeça as normas de segurança e procedimentos, tenha sido aprovado em curso de operação de empilhadeira, e que possua carteira nacional de habilitação.

Atividades de operação de empilhadeira e demais equipamentos de movimentação

Na atividade de movimentação de cargas são necessários os seguintes procedimentos básicos:

- Confirmar o peso da carga a ser içada
- Verificar a capacidade de carga dos acessórios e equipamento de movimentação
- Verificar se o centro de gravidade vai ficar na linha de movimentação
- Se a equipe já realizou uma operação igual ou similar
- Há procedimentos escritos para movimentação de carga
- Verificar se a carga está livre, solta e sem travamentos
- Verificar a área de trabalho para confirmar se a operação será realizada em área livre de fiação, postes ou outras interferências que possam provocar acidentes
- O solo onde estará o equipamento de movimentação suportará o peso da carga somados ao do equipamento.

Operar pontes rolantes e pórticos

Para o desenvolvimento das atividades de operação de pontes rolantes e pórticos, é necessário que o almoxarife obedeça às normas de segurança e procedimentos, tenha sido aprovado em curso de operação de pontes rolantes e pórticos.

Atividades de operação de pontes rolantes e pórticos

- Confirmar o peso da carga a ser içada
- Verificar a capacidade dos acessórios e equipamento de içamento
- Verificar o ângulo dos estropos e como foram especificados
- Necessidade de proteger os estropos e cintas de cantos vivos
- Verificar se o centro de gravidade vai ficar na linha de içamento
- Se a equipe já realizou uma operação igual ou similar
- Se a equipe conhece os acessórios e equipamentos que vão ser utilizados
- Há procedimentos escritos para movimentação de carga
- Verificar se a carga está livre, solta e sem travamentos
- Verificar a área de trabalho para confirmar se a operação será realizada em área livre e sem interferencias que possam provocar acidentes.
- A carga tem pontos apropriados para instalar estropos.

Os temas sistemas de elevação e movimentação de cargas serão tratados em maiores detalhes do capítulo 11 a 17.

Capítulo 2

MATEMÁTICA BÁSICA APLICADA À LOGÍSTICA

A matemática aplicada é um ramo da matemática que trata da aplicação do conhecimento matemático a outros domínios. Tais aplicações incluem cálculo numérico e a matemática voltada à área específica, que em nosso caso é a logística.

Histórico dos Sistemas de Peso e Medidas

Os Sistemas de Pesos e Medidas utilizados no mundo hoje são o resultado de uma evolução gradual e sujeita, no passado, a muitas influências. É difícil, portanto, estabelecer um percurso lógico e claro para o seu surgimento. Contar foi a forma mais primitiva de medir. As comunidades pré-históricas utilizavam as unidades dos seus produtos principais para se expressarem nas trocas. Por exemplo: um agricultor avaliava (media) uma ovelha em "mãos cheias de trigo" ou outro grão proveniente das suas produções.

O sistema de comercialização utilizando medida por unidades de troca durou milênios. O desenvolvimento e aplicação de medidas lineares - antes do aparecimento do peso - surgiram entre o período compreendido entre 4.000 e 2.500 anos a.C. As unidades de medida nesses tempos baseavam-se na comparação com objetos naturais. Depois começaram a utilizar algumas dimensões do corpo humano como padrão de medidas lineares. Por exemplo: os egípcios chamavam à distância entre o cotovelo e a extremidade do dedo médio de Braça.

Entretanto, alguns povos na antiguidade, perceberam que havia alguma uniformidade entre os pesos de algumas sementes e grãos e assim tomaram-nos para bitolas de peso. Por exemplo: o Carat - ainda hoje usado pelos joalheiros modernos - resultou do peso da semente de alfarroba; ou o Grão - ainda usado como unidade de peso - tem origem no peso das sementes do trigo ou da cevada. A diversidade de todos estes métodos de medida levou as sociedades primitivas a se tornarem mais sofisticadas e ter a necessidade de normatizar os seus Sistemas de Pesos e Medidas.

O sistema de medidas no Egito
A braça é de origem incerta e provavelmente a mais antiga medida linear. Foi originalmente usada pelos povos da antiguidade. Os egípcios tinham dois tipos de Braça:

- Braça Curta com 17,7 polegadas = 0,45 mts.
- Braça Real   com 20,6 polegadas = 0,524 mts

A Braça Real era um padrão de medida utilizado na antiguidade. Era dividida em 7 Palmos e cada Palmo em 4 Dedos (com a largura do dedo médio). O curioso é que a Braça, ainda hoje é utilizada pela marinha como medida de comprimento para cabos e linhas dos aprestos marítimos como também para designar profundidades.

O sistema de medidas na Grécia e Roma
Os gregos introduziram uma nova unidade de medida aos padrões dos sistemas desenvolvidos pelos egípcios e babilônios. Esta nova unidade foi o Pé, que dividido em 12 unidades designadas por Polegadas. Já os romanos adaptaram o Pé dividido em 12 Polegadas para medida de comprimento. Para o sistema de pesos se criou a Onça como a menor unidade.

O sistema de medidas na Idade Média
Na Idade Média, não foi dado importância aos sistemas de medida e quase todos desapareceram pela falta de uso. Cada Território ou Província usava medidas próprias com os conseqüentes erros, fraudes e enganos nos mercados. No Século XIV, mercadores ingleses estabeleceram um sistema próprio de pesos baseados na Libra = 7.000 e no Grão = 16 Onças que ainda hoje é empregado em muitos

FUNDAMENTAÇÃO TEÓRICA

países de expressão inglesa. No Século XV outro sistema foi criado: a Onça Troy = 480 e o Grãos = 12 Onças da Libra.

SISTEMA DE MEDIDAS NA ATUALIDADE

Existem diversos sistemas de medida utilizados no dia a dia. A de comprimento, por exemplo, em uso no Brasil é o Sistema Métrico. Outros sistemas de medida utilizados são: o Sistema Inglês e o Sistema Internacional.

O Sistema Métrico

Uma importante contribuição da Revolução Francesa foi a criação do Sistema Métrico Decimal (baseado em múltiplos de 10) onde a unidade básica é o Metro. Inicialmente ficou definido como a décima milionésima parte do comprimento do meridiano terrestre entre os paralelos de Dunquerque e Barcelona.

Posteriormente, entre os anos de 1960 e 1983, foi redefinido como o comprimento de onda padrão, o do isótopo 86 do Krypton, e em 1983 voltou a ser redefinido, só que, dessa vez, com o comprimento do percurso efetuado pela luz, no vácuo, em 1/299.792.458 segundos: medida que é reproduzível em laboratório.

Hoje, o sistema métrico decimal é universalmente aceito, incluindo o Reino Unido depois da adesão à União Européia. Os Estados Unidos (USA), por inércia ou pela importância da sua economia, ainda não sentiram a necessidade de adaptar esse sistema.

Sistema Internacional

Em 1960, a 10ª Conferência Internacional de Pesos e Medidas adotou o International System of Units (SI). As principais unidades de medidas do sistema internacional estão listadas nas tabelas do anexo 3 e 4. O sistema internacional é baseado em sete unidades de medida:

1. O Metro para unidade de comprimento (m)
2. O Quilograma para unidade de massa (kg)
3. O Segundo para unidade de tempo (s)
4. O Kelvin para unidade de temperatura termodinâmica (K)
5. A Candela para unidade de intensidade luminosa (cd)
6. O Ampère como unidade elétrica (A)
7. O Mole para a quantidade de substância (mol).

Sistema Inglês
Medida inglesa padrão de comprimento é a polegada e é representada pelo símbolo ("). Equivale aproximadamente a 25,4 mm do sistema métrico decimal.

CONVERSÃO DE SISTEMAS DE MEDIDAS

Transformação de Medidas de Comprimento - SMD
Para transformar uma medida do sistema métrico em uma unidade imediatamente superior, devemos dividi-la por 10.

$$\frac{km\ m\ dm\ cm\ mm}{10}$$

Exemplo:
- Transformar 150 mm em cm, efetuar a seguinte operação:
$$150/10 = 15\ cm$$
- Transformar 46,5 cm em dm, efetuar a seguinte operação:
$$46,5/10 = 4,65\ dm$$
- Transformar 46,5 cm em m, efetuar a seguinte operação:
$$46,5/100 = 0,465\ m$$

Para transformar uma medida do sistema métrico em uma unidade imediatamente inferior, devemos multiplicá-la por 10.

$$km \ m \ dm \ cm \ mm$$
$$x10$$

Exemplo:
- Transformar 75 dm em cm, efetuar a seguinte operação:
$$75 \times 10 = 750 \ cm$$
- Transformar 195 cm em mm, efetuar a seguinte operação:
$$195 \times 10 = 1950 \ mm$$
- Transformar 9,8 m em cm, efetuar a seguinte operação:
$$9,8 \ m \times 100 = 980 \ cm$$

Sistema Inglês
Medida inglesa padrão de comprimento é a polegada e é representada pelo símbolo ("). Equivale aproximadamente a 25,4 mm do sistema métrico decimal.

Transformação de polegadas em milímetros
Para se transformar polegadas em milímetros, multiplica-se o número representado em polegadas por 25,4 mm.

Exemplos:
- Transformar 1" em cm, efetuar a seguinte operação:
$$1" \times 25,4 = 25,4cm$$
- Transformar 3/4" em cm, efetuar a seguinte operação:
$$¾" \times 25,4 = 19,05cm$$
- Transformar 3/8" em cm, efetuar a seguinte operação:
$$3/8" \times 25,4 = 9,52cm$$

Transformação de milímetros em polegadas
Para transformar milímetros em polegadas, divide-se o número representado em milímetros por 25,4 mm e depois se multiplica o resultado por 1" ou frações equivalentes (2/2"; 4/4"; 8/8"; 16/16";

32/32"; 64/64"; 128/128");

Exemplos:
• Transformar 50,8 mm em polegadas, efetuar a seguinte operação:
$$50,8 : 25,4 = 2$$
$$2 \times 1" = 2"$$

• Transformar 12,7 mm em polegadas.
$$12,7 : 25,4 = 0,5$$
$$0,5 \times 1" = ½ "$$

CÁLCULO DE ÁREAS DE FIGURAS PLANAS

Uma revisão de matemática é necessária para uniformizar os conhecimentos. Primeiramente serão revistos os conceitos de cálculo de área, cálculo de perímetro, cálculo de volumes e medidas de massa.

Cálculo de áreas

A medida de uma superfície é chamada de área. A unidade-padrão das medidas de superfície no sistema métrico é o metro-quadrado, que se abrevia **m²**. O cálculo de áreas para a logística é necessário para se conhecer uma determinada área, como por exemplo, o cálculo da superfície de chapas.

Área do quadrado

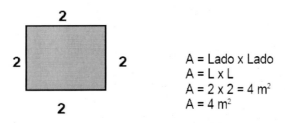

Área do retângulo

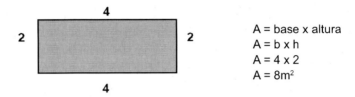

A = base x altura
A = b x h
A = 4 x 2
A = 8m²

Área do triângulo retângulo

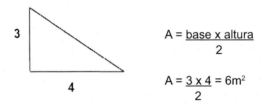

A = base x altura
         2

A = 3 x 4 = 6m²
      2

Área do círculo

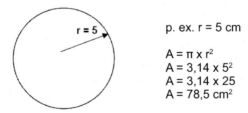

p. ex. r = 5 cm

A = π x r²
A = 3,14 x 5²
A = 3,14 x 25
A = 78,5 cm²

Cálculo de Perímetros

O perímetro é a soma das medidas dos lados de uma figura geométrica (lados retos) e é dada em unidade linear (m). O cálculo do perí-

MANUAL DO ALMOXARIFE

metro é necessário na atividade de conferência de material.

Perímetro do quadrado

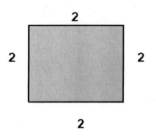

$P = L + L + L + L$
$P = 2 + 2 + 2 + 2 = 8$ m
ou
$4 \times 2 = 8$ m

Perímetro do triângulo

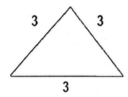

$P = L + L + L$
$P = 3 + 3 + 3 = 9$ m   ou
$3 \times 3 = 9$ m

Perímetro do retângulo

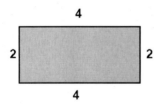

$P = L + L + L + L$
$P = 4 + 4 + 2 + 2 = 12$ m
ou
$(2 \times 4) + (2 \times 2) = 12$ m

Perímetro do círculo

FUNDAMENTAÇÃO TEÓRICA

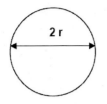

Π = 3,14 (pronúncia: pih)
p.ex. 2r = 3 cm   r = 1,5 cm
P = 2 Π x r
P = 2 x 3,14 x 1,5 cm
P = 9,42 cm

Perímetro do trapézio

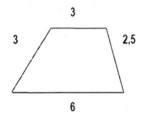

P = L + L + L + L
P = 6 + 3 + 3 + 2,5
P = 14,5 cm

MEDIDAS DE VOLUME

O volume é o espaço ocupado por um corpo qualquer sendo ele quadrado, retangular ou cilíndrico.

Volume de um corpo quadrado ou retangular
O cálculo do volume de um corpo quadrado ou retangular é realizado utilizando a seguinte formula:

Volume = comprimento x largura x altura, ou seja,

V = C x L x A

A unidade-padrão de medida do volume é o metro cúbico, que se abrevia por **m³**. O metro cúbico é o volume de um cubo de 1 m de lado. Sendo L = 1m, calcular o volume.

V = L x L x L = 1m x 1m x 1m =

$$V = 1\ m^3$$

Exemplo:
Calcular o volume de um tanque retangular utilizado para armazenamento de álcool, com as seguintes dimensões: comprimento de 4m, largura de 3m e altura de 2m.

Resolução:
Utilizar a formula de cálculo de volume como segue:

$$\textbf{V = comprimento x largura x altura}$$
$$V = 4m\ x\ 3m\ x\ 2m$$
$$V = 24\ m^3$$

Conclusão:
Esse tanque tem capacidade para armazenar até vinte e quatro metros cúbicos de álcool.

Volume do Cilindro
O cálculo do volume de um corpo cilíndrico é realizado utilizando a seguinte formula:

$$V = \text{área da base x altura}$$

Como já foi visto, para o cálculo da área de um circulo e utilizada a seguinte formula:

$$A = \Pi\ x\ r^2$$

Portanto para o cálculo do volume de um cilindro temos:

$$V = \Pi\ x\ r^2\ x\ h$$

Exemplo:
Uma empresa armazena um gás liquido em um reservatório vertical

FUNDAMENTAÇÃO TEÓRICA

que tem a forma de um cilindro. O almoxarife necessita confirmar o volume do produto armazenado. Entendendo que o reservatório esta cheio de produto, até o seu limite máximo, pede-se calcular o volume do gás contido no reservatório cilíndrico, sabendo-se que esse reservatório tem as seguintes dimensões: raio de 5 m e altura de 20 m.

Dados:

r = 5 m

h = 20 m

Π = 3,14

Temos que: $V = \Pi \times r^2 \times h$

$V = 3,14 \times (5m)2 \times 20m$

$V = 3,14 \times 25m^2 \times 20m$

$V = 1570 \ m^3$

Conclusão:

Esse reservatório tem capacidade de armazenar até um mil e quinhentos e setenta metros cúbicos de gás.

As medidas de Volume do sistema métrico e suas abreviaturas são:

$$km^3 \ hm^3 \ dam^3 \ m^3 \ dm^3 \ cm^3 \ mm^3$$

CONVERÇÃO DE TONELADA EM METRO CÚBICO

Esse cálculo é muito utilizado na conferência de materiais a granel, como areia, grão, minérios, líquidos, etc. Para transformar tonelada em metro cúbico basta dividir as toneladas correspondentes a carga pela densidade do material.

Volume = Tonelada / Densidade do Material

Exemplo:

Um caminhão carregado de brita a granel cuja densidade é de 1,35t/m³ chega à empresa. O Almoxarife ao pegar a NF constata que está sendo entregue 4,374t de brita, porém o pedido foi de 3,240m³. Como fazer para realizar o recebimento checando se o volume em recebimento está correto?

Dados:
Peso da carga do caminhão = 4,374 t
Densidade do material recebido = 1,35 t/m³

$$\text{Logo: } V = 4{,}374t \, / \, 1{,}35t/m^3 = 3{,}240 \ m^3$$

Conclusão:
O volume do material no caminhão é = 3,240 m³ ou 4.374t de brita.

DENSIDADE, MASSA E PESO

A densidade é uma das propriedades de um corpo. Uma das formas de se identificar a substância constituinte de um corpo é através do conhecimento da sua densidade. Podemos saber qual a substância da qual é composta a massa de um corpo pela densidade deste corpo. Esse conhecimento será muito útil na conferência de recebimento de materiais. No anexo 2, apresentamos uma tabela com a densidade de alguns materiais.

Densidade é igual à massa do corpo dividido pela unidade de volume. Por exemplo, a densidade do ferro é de 7.840 kg/m³, ou seja, 1 m³ da substância ferro tem massa igual a 7.840 kg. A unidade fundamental de massa do sistema métrico é o quilograma. Para medir grandes massas utilizamos a tonelada, para medir massas intermediárias uti-

FUNDAMENTAÇÃO TEÓRICA

lizamos o quilograma e para medir pequenas massas empregamos o grama.

Tonelada Quilograma Grama
t **kg** **g**

1 tonelada = 1.000 quilogramas
1 quilograma= 1.000 gramas
1 m³ = 1000 dm³, 1 dm³ = 1 litro = 1

Peso e Massa de um corpo

O Peso de um corpo é a atração gravitacional exercida sobre a massa desse corpo. Muitas vezes confundimos peso e massa. Para medir-mos o peso de um corpo utilizamos o dinamômetro e o resultado é dado em N, que é a unidade de peso (Newton). A relação entre peso e massa é dada pela segunda lei de Newton que diz:

"P (peso) = m (massa) x g (aceleração da gravidade), onde a acelera-ção da gravidade g = 9,81 m/s², isso quer dizer que a velocidade au-menta de 9,81 m, a cada segundo".

Exemplo:

Um caminhão de carga geral, carregado com material a granel em estado sólido e seco (grãos, areia, brita, etc.) chega ao recebimento de uma determinada empresa. As dimensões da sua carroceria são as seguintes: comprimento de 4,5 m e largura de 2,4 m. Na nota fis-cal consta apenas o volume do material. Como o responsável pelo recebimento deve conferir o material recebido, já que a unidade ca-dastrada no sistema de materiais da empresa está com uma grande-za de massa? Obs.: a empresa não possui balança para caminhões.

Solução

Esse caso é de um típico problema de cubagem de certo material a granel (correspondência entre peso e volume de materiais).

MANUAL DO ALMOXARIFE

1° passo – Tirar as medidas da carroceria do caminhão
Comprimento = 4,5 m
Largura = 2,4 m

Já para o caso da altura da carga, e por essa ser irregular, devem ser tomadas no mínimo cinco medidas, sendo uma no centro e as demais nos cantos.

h = Média das alturas (5 medidas)

$$h = \frac{h1 + h2 + h3 + h4 + h5}{5}$$

Para obter a média aritmética das alturas, somar todas as alturas do objeto em estudo e dividir pelo número delas.

Medidas tomadas do caminhão em estudo:

h = 30 cm + 30 cm + 40 cm + 25 cm + 25 cm = 150 cm,

Divide pelo número de medidas realizadas que foram 5 e teremos h= 30 cm.

Devemos transformar a altura para metro, pois as demais medidas estão em metro.
Onde: Transformando para metros h=30/100 = 0,30 m

2° passo – Calcular o volume deste caminhão.
Vimos que para o cálculo de volume de uma área retangular devemos utilizar a seguinte fórmula:

$$V = C \times L \times h$$

Portanto o volume será de:

FUNDAMENTAÇÃO TEÓRICA

V = 4,50 m x 2,40 m x 0,30 m = 3,24 m³

Agora se multiplica o volume encontrado, pela densidade do material que se quer conferir:

1. Se o material recebido for areia:
Densidade da areia é: 1,6 t / m³

$$3,24 \times 1,6 = 5,184 \text{ t}$$

Conclusão:
A quantidade de areia recebida é de cinco toneladas, cento e oitenta e quatro quilos.

2. Se o material recebido for brita:
Densidade de brita: 1,35 t/m³

$$3,24 \times 1,35 = 4,374 \text{ t}$$

Conclusão:
A quantidade de brita recebida é de quatro toneladas, trezentos e setenta e quatro quilos.

PORCENTAGEM

É a fração dividida por cem de qualquer coisa. É muito utilizado na formação de lotes de amostra para o controle de recebimento de materiais.

Observe a seguinte situação:

O padrão de qualidade definido para uma empresa é de só aceitar material com no máximo três peças defeituosas para cada lote de

MANUAL DO ALMOXARIFE

100 peças. A relação entre as peças defeituosas e as recebidas pode ser indicada assim:

3/100 ou 3: 100 ou 3%

Esta razão é chamada **Porcentagem**. É possível calcular a porcentagem de qualquer quantidade. A quantidade considerada como base terá sempre o valor de 100%.

Exemplo:
A amostra representativa definida por uma empresa, para o recebimento do item: parafuso em A/C cabeça sextavada, rosca total de ½ polegada é de 3% do lote. Queremos formar uma amostra para inspeção de um lote de 1500 parafusos recebidos de um fornecedor novo.

Para atender ao lote de inspeção definido pela empresa devemos inspecionar 3% das 1500 peças de um lote de parafusos recebido.

Aplicando a regra de três, teremos:

1500 ----------------- 100% (lê-se que 1500 peças equivale a 100% do lote)
x ---------------------- 3 % (x é a variável que se deseja encontrar)

$$x = \frac{1500 \times 3}{100} = 45 pe \ as$$

Então, 3 % de 1500 de um lote de parafusos equivalem a 45 parafusos. Portanto, do lote de 1500 parafusos, basta que sejam inspecionados 45 parafusos. Para que essa amostra seja a mais representativa possível, o almoxarife deve escolher a amostra aleatoriamente (ao acaso) das peças do lote recebido.

FUNDAMENTAÇÃO TEÓRICA

EXERCÍCIOS

Verificação de saldo de um depósito

01 - Calcular o volume de um tanque retangular utilizado para armazenamento de água, com as seguintes dimensões: comprimento de 4m, largura de 2m e altura de 2m.

02 - Uma empresa armazena um gás liquido em um reservatório vertical que tem a forma de um cilindro. O almoxarife necessita confirmar o volume do produto armazenado. Entendendo que o reservatório está cheio de produto, até o seu limite máximo, pede-se calcular o volume do gás contido no reservatório cilíndrico, sabendo-se que esse reservatório tem as seguintes dimensões: raio de 3 m e altura de 10 m.

Dados:

$r = 3$ m
$h = 10$ m
$\Pi = 3{,}14$

Cubagem de uma carga

03 - Um caminhão carregado de brita a granel cuja densidade é de $1{,}35 t/m^3$ chega à empresa. O Almoxarife, ao pegar a NF, constata que estão sendo entregues 4,374t de brita; porém, o pedido foi de $3{,}240 m^3$. Como fazer para realizar o recebimento checando se o volume em recebimento está correto?

Dados:

Peso da carga do caminhão = 4,374 t
Densidade do material recebido = $1{,}35\ t/m^3$

04 - Um caminhão de carga geral, carregado com material a granel em estado sólido e seco (grãos, areia, brita, etc.) chega ao recebimento de uma determinada empresa. As dimensões da sua carroceria são as seguintes: comprimento de 7 m e largura de 2,4 m. Na

nota fiscal consta apenas o volume do material. Como o responsável pelo recebimento deve conferir o material recebido, já que a unidade cadastrada no sistema de materiais da empresa está com uma grandeza de massa? Obs.: a empresa não possui balança para caminhões.

Cálculo de uma amostra

05 - A amostra representativa definida por uma empresa, para o recebimento do item: porca em A/C cabeça sextavada, de ½ polegada é de 10% do lote. Queremos formar uma amostra para inspeção de um lote de 15000 porcas recebidas de um fornecedor novo.

Para atender ao lote de inspeção definido pela empresa, devemos inspecionar 10% das 15000 peças de um lote de porcas recebidas.

Capítulo 3

ORGANIZAÇÃO INTERNA DAS EMPRESAS

Definição de empresa
Uma organização empresarial é uma entidade econômica em que se reúnem e se combinam diversos recursos com o objetivo de prestar um serviço e obter lucro. Para que uma determinada organização empresarial consiga atingir seu objetivo, é necessária a união de alguns recursos, a saber:

• Humano – é o capital intelectual da empresa, composto pelos funcionários (pessoas) organizados em hierarquias. Trata-se do elemento chave para que uma organização alcance seu objetivo principal.
• Material – são as máquinas, os estoques os bens móveis e imóveis que se destinam a produção.
• Técnico – as habilidades para atingir os objetivos da organização, ou seja, saber lidar com o que se propõe a fazer.
• Financeiro – é o capital utilizado na atividade.

MODELO DE ORGANIZAÇÃO

Para o exercício de suas competências as organizações são estruturadas por diretorias, gerências, divisões e setores que devem ter uma estrutura funcional muito próxima à estrutura apresentada a seguir:

1. Diretoria
2. Gerência Administrativa
3. Gerência Logística
4. Gerência Financeira

5. Gerência Técnica
6. Gerência de planejamento e coordenação

Para o exercício de suas atribuições as Gerencias tem sob sua coordenação divisões e as divisões, setores. A seguir detalharemos a estrutura mínima de cada gerência.

GERÊNCIA ADMINISTRATIVA

Para o exercício de suas competências, essa gerencia deve ter a seguinte estrutura organizacional mínima:

1. Divisão de Gestão de Pessoas
2. Divisão do Serviço de Segurança e Saúde do Trabalhador

A Gerência Administrativa tem como missão assegurar que as áreas administrativas da organização ofereçam produtos e serviços de qualidade ao cliente, através de ações de planejamento e gestão.

Incorporando modernas técnicas de planejamento e gestão, visando ao crescimento organizacional, a área administrativa é responsável por promover a implantação e o acompanhamento das políticas relativas à administração e desenvolvimento de pessoas.

Divisão de Gestão de Pessoas

A Divisão de Gestão de Pessoas atua integrada à Divisão de Planejamento e Coordenação, Divisão de Contabilidade e Finanças e Divisão de Logística, que compõem a diretoria, e seus respectivos Serviços e Setores, e com as demais Diretorias, buscando estabelecer as bases de uma real política de valorização e desenvolvimento do trabalhador, principal patrimônio para o alcance das metas institucionais.

FUNDAMENTAÇÃO TEÓRICA

1 - Setor de pessoal

O Serviço de Pessoal atua integrado aos demais Serviços da Divisão, buscando o atendimento integral às necessidades do pessoal, sendo responsável pelo cumprimento dos dispositivos legais e regulamentares relativos à política de cadastro, admissão, pagamento e controle de pessoal.

2 - Desenvolvimento de competências

O Setor de Desenvolvimento de Competências atua integrado aos demais Serviços da Divisão e às demais Diretorias, buscando o atendimento integral à necessidade do desenvolvimento das pessoas e ao seu aprimoramento constante, e atendendo às demandas institucionais quanto ao recrutamento e seleção técnica, profissional e pessoal do seu quadro de trabalhadores.

Responde pelo planejamento, coordenação, acompanhamento, supervisão e avaliação da força de trabalho institucional diante dos desafios decorrentes da natureza do trabalho e das metas propostas, através de ações de treinamento e capacitação, e de assessoria na gestão de pessoas, buscando contribuir para o alcance efetivo da missão institucional.

Divisão de Segurança e Saúde do Trabalhador

O Serviço de Segurança e Saúde do Trabalhador atua integrado aos demais Serviços da Divisão buscando o atendimento integral às necessidades do pessoal nas áreas de segurança, saúde, higiene e meio ambiente.

A divisão de Segurança e Saúde do Trabalhador deve ser responsável pela saúde do trabalhador e proteção da integridade física, buscando atenuar ou eliminar os riscos inerentes às tarefas do cargo/função decorrentes do ambiente de trabalho onde são executadas, para atender aos objetivos de:

MANUAL DO ALMOXARIFE

- Prevenção Médica: Visa diagnosticar, prevenir e controlar as doenças endêmicas, crônicas, degenerativas e transmissíveis nos locais de trabalho.
- Prevenção Sanitária: Visa identificar, classificar, monitorar, eliminar, controlar e/ou atenuar os riscos no ambiente de trabalho capaz de prejudicar o trabalhador no desenvolvimento de suas funções comprometendo o andamento das atividades.
- Medicina Ocupacional: Visa adaptar trabalhador à sua função e à prevenção de possíveis danos à sua saúde, em virtude das condições de trabalho, buscando mantê-lo em condições adequadas, contribuindo para o alcance efetivo da missão institucional.
- Segurança do Trabalho: Visa desenvolver atividades prevencionista, com o objetivo de evitar perdas humanas ou materiais.

GERÊNCIA DE LOGÍSTICA

A Gerência de Logística tem como missão assegurar que as áreas sob sua responsabilidade na organização ofereçam produtos e serviços de qualidade ao cliente, através de ações de planejamento e gestão.

Incorporando modernas técnicas de planejamento e gestão, visando ao crescimento organizacional, a gerência de logística é responsável por promover a implantação e o acompanhamento das políticas relativas à logística através das seguintes divisões:

- Divisão de suprimento/armazenagem
- Divisão de patrimônio
- Divisão de suporte operacional.

Divisão de Suprimentos/armazenagem

A Divisão de suprimentos/armazenagem atua integrada às Divisões de Contabilidade, manutenção e Finanças, Divisão de Gestão de Pessoas e Divisão de Planejamento e Coordenação, e tem por finalidade fornecer o apoio logístico e operacional às unidades administrativas.

Para o exercício de suas atividades a Divisão de Logística tem sob sua coordenação, os serviços abaixo relacionados:

1. Setor de Suprimentos
2. Setor de Almoxarifado

1 - O Setor de Suprimentos
Responde pelo suprimento de matérias-primas, materiais de laboratório, materiais permanentes nacionais e importados e de consumo e pelo controle dos contratos. O setor de suprimento/armazenagem é dividido em:

Serviço de Compras
O Setor de Compras é responsável por atender a todas as Unidades da organização para as demandas de aquisição de materiais e serviços, efetivando as compras, nacionais e importadas, de matéria prima e demais insumos para produção, além do material de consumo e equipamentos especializados, obedecendo às normas internas no caso da iniciativa privada e normas previstas pela Lei 8.666/93 e suas alterações no caso de órgãos públicos, autarquias e fundações, e aquisições feitas por cotação eletrônica realizadas através do site próprio.

Serviço de contratos
O Setor de contratos é responsável por atender a todas as Unidades da organização para as demandas de elaboração de contratos de aquisição de materiais e serviços, obedecendo às normas internas no caso da iniciativa privada e normas previstas pela Lei 8.666/93 e suas alterações no caso de órgãos públicos, autarquias e fundações, e aquisições feitas por cotação eletrônica realizadas através do site.

2 - Setor de Almoxarifado

O Setor de Almoxarifado atua como fornecedor interno e armazenador para todas as áreas da organização, atendendo às demandas de pedidos de materiais constantes em seu estoque.

O Setor de Almoxarifado é responsável pela guarda, fracionamento e distribuição de matérias-primas, material de embalagem, materiais de laboratório, materiais permanentes nacionais e importados, de consumo.

Compete ao Setor de Almoxarifado manter o Sistema, sempre atualizado e em possibilidade de compatibilização, para gerar informações para o inventário anual da organização, bem como as informações necessárias para verificação de entregas, devoluções e reposições de fornecedores.

Organização dos almoxarifados

O Almoxarifado se divide em áreas físicas definidas de estocagem, dependendo do tipo de material/produto a ser armazenado e de acordo com as normas legais de armazenamento. Os diversos tipos de almoxarifados são os seguintes:

- Almoxarifado Geral: Material de Escritório, de Limpeza, Vidrarias e Reagentes de uso Laboratorial, Mobiliário, Utensílios e Equipamentos.
- Almoxarifado Químico: Matérias Primas com locais separados para matérias primas, matérias primas controladas, corantes e as que requerem refrigeração.
- Almoxarifado de Material de Embalagem e Acondicionamento: Locais separados para materiais que exigem condições especiais de temperatura, e umidade, materiais gráficos de rotulagem e demais materiais.
- Almoxarifado de Expedição: Produtos acabados aguardando expedição, com locais separados para medicamentos e medicamentos controlados.

Divisão de Patrimônio

O Setor de Patrimônio é responsável pelo registro e controle dos bens patrimoniais da organização e atua de forma integrada aos demais Setores da organização e aos serviços e setores da Divisão de Contabilidade e Finanças. Visa atender demandas de todas as unidades da organização através das Solicitações de Serviços, e atua integrado ao inventário patrimonial.

Divisão de Suporte Operacional

O Serviço de Suporte Operacional tem sob sua coordenação as atividades de:

- Transporte de pessoas
- Segurança institucional e ações de portaria
- Protocolo, recepção, distribuição e expedição de documentos
- Conservação e limpeza
- Arquivo de documentos, visando o suporte operacional efetivo ao funcionamento da instituição.

Para o exercício de suas atribuições o Serviço de Suporte Operacional tem sob sua coordenação os seguintes Setores:

1- Setor de Transportes

O Setor de Transportes é responsável pela gestão das atividades de transporte de pessoas da organização (aluguel de ônibus e vans, aluguel de veículos pequenos, viagens e controle de taxi).

2 - Setor de Segurança Institucional

É responsável pela gestão das atividades de segurança patrimonial, portarias e acessos restritos.

3 – Setor de protocolo, recepção, distribuição e expedição de documentos

É responsável pela gestão otimizada das atividades de Protocolo, recepção, distribuição e expedição de todos os documentos que entram e saem da empresa.

4 – Setor de conservação e limpeza

É responsável pela gestão otimizada das atividades de conservação predial (limpeza e manutenção das áreas de escritório) e limpeza externa (varrição e recolhimento de lixo) das áreas administrativas e de produção da empresa.

5 – Setor de arquivo de documentos

Visa o suporte operacional efetivo à manutenção da memória da instituição.

GERÊNCIA DE FINANÇAS

A Gerência de Finanças tem como missão assegurar que as áreas da organização ofereçam produtos e serviços de qualidade ao cliente, através de ações de planejamento e gestão. Incorporando modernas técnicas de planejamento e gestão financeira, visando ao crescimento organizacional, essa área é responsável por promover a implantação e o acompanhamento das políticas relativas à contabilidade e finanças.

Incorporando modernas técnicas de planejamento e gestão, visando ao crescimento organizacional, a gerência de contabilidade e finanças é responsável por promover a implantação e o acompanhamento das políticas relativas à área fiscal através das seguintes divisões:

- Divisão de contabilidade e finanças
- Divisão de custos
- Divisão comercial

Divisão de Contabilidade e Finanças

A Divisão de Contabilidade e Finanças atua integrada às Divisões de

FUNDAMENTAÇÃO TEÓRICA

Logística e de Gestão de Pessoas que compõem a Diretoria e tem por finalidade coordenar, orientar e executar as atividades de contabilidade e administração financeira no âmbito da empresa.

1. Setor de administração financeira

Este serviço atua como suporte a todas as unidades da organização na execução orçamentária e financeira, tanto de recursos próprios, recursos advindos de contratos/convênios e aplicações financeiras, sendo o responsável pelo empenho, liquidação e pagamento das despesas gerais da instituição.

2. Setor de Tesouraria

Este setor atua como suporte a todas as unidades da instituição no controle das contas a receber e a pagar. Responde pelo o controle das contas a receber dos clientes e a pagar dos serviços contratados de terceiros ou aquisições efetuadas.

Divisão de Custos

A Divisão de Custos atua integrada às demais Divisões que compõem a Diretoria e tem por finalidade coordenar, orientar e executar as atividades de contabilidade e administração financeira no âmbito da empresa.

Setor de custos

Este setor é responsável por dotar a organização de instrumentos e controles gerenciais de apropriação de custos, administrativos, orçamentários e financeiros, de serviços, produtos e procedimentos internos, visando propiciar uma visão clara dos investimentos envolvidos nos processo de trabalho, e orientar, de forma precisa, o processo decisório.

Ele ainda atua como suporte a todas as unidades da instituição, fornecendo demonstrativos do comportamento dos recursos vinculados aos mesmos, propiciando as informações necessárias para alocação de custos. Atua, de forma integrada, à Diretoria de Planejamento, Gestão e Finanças, para tomada de decisões de alocação de custos e provisionamento de gastos, para definição de preços de produtos e serviços.

Divisão Comercial

A Divisão de Comercial atua integrada às demais Divisões que compõem a organização e tem por finalidade coordenar, orientar e executar as atividades comerciais no âmbito da empresa.

1 - Setor comercial

Este setor atua integrado ao Serviço de Suprimentos/Setor de Almoxarifado, ao Serviço de Administração Financeira atendendo às demandas provenientes das atividades comerciais da Diretoria Industrial, Diretoria financeira e respectivas Divisões.

2 - Setor de contabilidade

A Contabilidade atua integrada aos demais serviços da Divisão de Contabilidade e Finanças. Responde pelos registros dos atos e fatos contábeis da execução orçamentária e financeira, de acordo com as normas e procedimentos legais.

GERÊNCIA DE PLANEJAMENTO E COORDENAÇÃO

A Gerência de Planejamento e Coordenação participa da formulação e condução das diretrizes macro-organizacionais para a organização tendo em vista a Política da organização, zelando pela sua observância, acompanhando a execução de planos e programas de ação.

Tem como funções principais o planejamento e coordenação, ou seja, o desenvolvimento de planos globais de ação promovendo a integração desse planejamento mediante a coordenação e acompanhamento da execução física financeira dos planos setoriais.

1 - Divisão de orçamento

FUNDAMENTAÇÃO TEÓRICA

O Serviço de Orçamento responde pela coordenação, elaboração, supervisão e acompanhamento da execução da proposta orçamentária da organização.

2 - Divisão de gestão de projetos e convênios

O Serviço de Gestão de Projetos, Contratos e Convênios responde pela coordenação, supervisão e acompanhamento da execução dos Projetos, Contratos e convênios deles resultantes.

GERÊNCIA TÉCNICA

Para o exercício de suas competências, essa gerência deve ter a seguinte estrutura organizacional:

1. Unidade de gestão ambiental
2. Serviço de engenharia
3. Serviço de manutenção
4. Serviço de inovação, tecnologia e informação

Para o exercício de suas atribuições, tem sob sua coordenação as seguintes áreas:

- Área de Obras, Conservação e Reparos Prediais
- Área de manutenção
- Área de acompanhamento e fiscalização

1 - Setor de gestão ambiental

Este setor Gestão Ambiental atua em consonância com a legislação pertinente à gestão ambiental, e se vincula de forma parceira a todas as demais diretorias e unidades da organização, gerenciando, acompanhando e avaliando o programa de Gestão Ambiental, visando redução dos impactos ambientais advindos das atividades desenvolvidas na instituição.

2 - Setor de engenharia

MANUAL DO ALMOXARIFE

O Serviço de Engenharia tem sob sua coordenação as atividades de engenharia em geral. Atuando no desenvolvimento de projetos, desenvolvimento de tecnologias, layout, áreas especiais, utilidades, água WFI e PW, comissionamentos e qualificação de laboratórios, fluxos, efluentes industriais, especificações, memoriais descritivos, fiscalização e aceitação de obras, além de execução de pequenas obras. Para o exercício de suas competências, esta gerência deve ter a seguinte estrutura organizacional:

• Área de projetos

Atuando também na manutenção preventiva e corretiva de todos os equipamentos eletroeletrônicos, eletromecânicos, óticos, lógicos, hidráulicos, mobiliário e predial, ligados a Diretoria Industrial para equipamentos.

3 - Setor de manutenção
O Serviço de Manutenção tem sob sua coordenação as atividades de manutenção e reparos de peças e equipamentos através das oficinas de Elétrica, Eletrônica, Hidráulica, Refrigeração, Serralheria, Usinagem, Mecânica.

4. Setor de inovação, tecnologia e informação
O Serviço de Inovação, Tecnologia e Informação responde pela coordenação desenvolvimento, implantação, supervisão e manutenção de sistemas e programas geradores de informações.

PARTE II
FUNDAMENTAÇÃO TÉCNICA

Capítulo 4

SEGURANÇA DO TRABALHO NA MOVIMENTAÇÃO DE MATERIAIS

Acidentes e perda da produtividade são fatores que, para serem evitados, exigem que as tarefas sejam executadas de modo adequado, em vez de forçarem a adequação dessas ao trabalho. A maior preocupação nas áreas de armazenamento e movimentação de cargas das organizações, de um modo em geral, é como reduzir os problemas na região lombar dos trabalhadores, gerados durante as movimentações de materiais. O custo de qualquer dispositivo que possa evitar problemas na região lombar é um dinheiro bem aplicado. Economizará muito mais do que o custo do investimento em prevenção, se comparado com o custo de perda de tempo e da produtividade insatisfatória. Sem contar com a redução, também, das reclamações trabalhistas dos operadores e indenizações.

A norma regulamentadora do Ministério do Trabalho NR-11 – Transporte, Movimentação, Armazenagem e Manuseio de Materiais, orienta que: "equipamentos utilizados na Movimentação de Materiais serão calculados e construídos de maneira a oferecer as necessárias garantias de resistência, segurança e devem ser conservados em perfeitas condições de trabalho".

CIPA

A Comissão Interna de Prevenção de Acidentes – CIPA é uma atividade regulamentada pelo Ministério do trabalho. A Norma regulamentadora da CIPA é a NR – 5, que todo trabalhador deve conhecer. A Comissão Interna de Prevenção de Acidentes é uma comissão composta por representantes do empregador (indicados pelo empregador) e dos empregados (eleitos pelo voto dos empregados), e tem como missão a preservação da saúde e da integridade física dos trabalhadores e de todos aqueles que interagem com a empresa.

MANUAL DO ALMOXARIFE

A CIPA é regida pela Lei n°. 6.514 de 22/12/77 e regulamentada pela NR-5 do Ministério do Trabalho. A CIPA foi aprovada pela portaria n°. 3.214 de 08/06/76, publicada no D.O.U. de 29/12/94 e modificada em 15/02/95. As organizações brasileiras, através do seu Serviço de Segurança e Medicina do Trabalho e da CIPA, têm dedicado especial atenção aos problemas de Medicina e Segurança do Trabalho. Boa parte dos esforços da CIPA concentra-se na conscientização dos funcionários, em todos os níveis. Sem essa conscientização, o esforço do Serviço de Segurança e da CIPA esbarram em dificuldades intransponíveis. Vale lembrar que a segurança do trabalho começa no trabalhador. Daí a necessidade das organizações estarem sempre informando e treinando sua força de trabalho através de cursos, palestras e textos elucidativos.

Principais Métodos para Garantir a Segurança do almoxarife

A seguir serão apresentados os principais métodos para garantir a segurança do trabalhador em áreas de almoxarifado que são:

1. Prevenção
2. Detecção
3. Investigação de acidentes no almoxarifado.

1- Prevenção

Uma forma de redução do potencial de risco das atividades a um mínimo aceitável é pelo uso de Equipamentos de Proteção Individual - EPI compatíveis a cada função, vide tabela 4.1, como também a realização de manutenção preventiva nos equipamentos de movimentação. Outras medidas preventivas podem ser ainda utilizadas nas áreas de almoxarifado, que são:

- Utilização do EPI correto
- Escolha do equipamento correto (empilhadeiras, etc.)
- Introdução de áreas onde seja permitido fumar
- Remoção ou isolamento de áreas de risco
- Instalação de CIPA

FUNDAMENTAÇÃO TÉCNICA

- Implantação de programa de ginástica laboral.

Seleção de EPI
Os critérios básicos para a seleção de EPI´s devem levar em conta os seguintes pontos:

- Atividade a ser realizada
- Grau de risco envolvido
- Substâncias manipulada
- Ambiente de trabalho

EPI	Utilização
Máscara de fuga	Para indústria química, petroquímica e refinarias, o porte é obrigatório em toda a área.
Bota de segurança	Áreas de produção, oficinas, almoxarifados, pátios de movimentação de cargas ou demais áreas quando houver sinalização indicativa.
Capacete	Áreas de produção, oficinas, almoxarifados, pátios de movimentação de cargas ou demais áreas quando houver sinalização indicativa.
Óculos de proteção	Áreas de produção, oficinas, almoxarifados, pátios de movimentação de cargas ou demais áreas quando houver sinalização indicativa.

MANUAL DO ALMOXARIFE

Protetor auricular	Áreas de produção, oficinas, almoxarifados, pátios de movimentação de cargas ou demais áreas quando houver sinalização indicativa.
Máscara semifacial	Áreas de produção ou demais áreas quando houver sinalização indicativa.
Roupa de proteção contra chamas (kevlar)	Quando houver sinalização indicativa.
Roupa de proteção contra descarga elétrica (nomex)	Quando houver sinalização indicativa.

Tabela 4.1 – Relação dos principais EPI´s e atividades onde são recomendados

Seleção de equipamentos de movimentação de cargas

Os critérios básicos para a seleção de equipamentos de movimentação de materiais devem levar em conta os seguintes pontos:

Quanto às dimensões:

- Dimensões externas do equipamento
- Comprimento necessário do garfo
- Largura dos corredores
- Altura da última prateleira
- Condições da área de trabalho – altura da porta ou túnel por onde deverá passar
- Pé direito livre.

Quanto à carga a ser movimentada:

- Carga máxima em relação ao piso
- Carga máxima em relação à altura e peso

FUNDAMENTAÇÃO TÉCNICA

- Tipo de palete que movimentará.

Quanto ao local de trabalho:

- Tipo de piso
- Área de trabalho – interna, externa ou mista
- Se a área possui rampas e quantas
- Temperatura de trabalho – ambiente ou câmara frigorífica
- Tensão elétrica do depósito
- Se a área é classificada (presença de gases explosivos)
- Condições de operação – turnos de trabalho, máquinas necessárias.

Introdução de áreas onde seja permitido fumar

A prática tem demonstrado que, a melhor forma de controlar o uso do cigarro dentro das empresas é, proibir a prática do fumo em toda a empresa e a partir daí definir quais as áreas onde será permitido.

Permissão de Trabalho

Para todas as operações que impliquem em manipulação e contato com alguma atividade de risco à saúde dos funcionários, deve ser emitida uma Permissão de Trabalho - P.T. que é um documento emitido pelo responsável da área que se necessita adentrar.

Introdução de áreas onde seja permitido acesso sob autorização

Entre as principais atividades destacam-se: aplicação de inseticida, preparação de substâncias (inflamáveis, tóxicas, corrosivas, radioativas, etc.) pesagem e fracionamento de produtos químicos, carregamento e manipulação de sacarias, lavagem, manipulação de embalagens, operação de equipamentos, manutenção de equipamentos em áreas de produção, manutenção elétrica entre outras. Essas atividades devem, conforme é prática usual nas atividades de risco, obrigatoriamente ser realizadas com a adoção de medidas de proteção, mediante autorização e supervisão por escrito através de uma Permissão de Trabalho.

MANUAL DO ALMOXARIFE

A realização das referidas operações, sem a utilização das medidas de proteção indicadas, caracteriza a situação como de risco grave e iminente à saúde dos funcionários, conforme previsto na legislação, bem como na Portaria 3214/78 do Ministério do Trabalho, podendo a atividade ser interditada e o funcionário exercer o direito de recusa ao trabalho, sem qualquer prejuízo funcional. Cabe salientar que a exposição de pessoa a risco constitui crime por parte do empregador ou preposto, conforme definido pelo Código Penal - Art. 132 e pela Legislação Previdenciária - Lei 8213/91 Art.19, Par. II . "constitui contravenção penal punível com multa deixar a empresa de cumprir as normas de segurança e higiene do trabalho..".

Diante do exposto, as empresas devem passar a adotar o procedimento da emissão da PERMISSÃO de TRABALHO para o manuseio de produtos perigosos, que só poderão ser exercidas com a devida autorização por escrito do funcionário, do supervisor imediato e do responsável técnico.

A Ficha de Permissão de Trabalho (modelo no anexo 8) deverá ser preenchida em três vias para cada atividade a ser realizada e distribuída para o funcionário, para o encarregado de turma e para o responsável técnico, que a assinará.

Remoção ou isolamento de áreas de risco
Toda área de risco deve ser eliminada e quando não for possível a sua remoção, essa deve ser delimitada e seu acesso controlado.

2 – Detecção
Redução do potencial de risco a um mínimo possível, pelo uso de equipamentos de detecção. Outras medidas podem ser ainda utilizadas nas áreas de almoxarifado, que são:

• Implantação de brigada de incêndio
• Instalação de detector de fumaça
• Instalação de detector de calor

- Instalação de equipamentos de combate automático ao fogo
- Ventilação com pressão positiva.

3 - Investigação
- Instalação de comitê de investigação de incidentes/acidentes
- Instalação de CIPA.

HIGIENE E SEGURANÇA DO TRABALHO

Incidente de Trabalho
É o termo utilizado para designar um quase acidente, isto é, é uma situação em que houve um risco e uma exposição simultânea, mas não gerou lesões ou perdas materiais.

As estatísticas mostram que quanto maior o número de incidentes em uma empresa, maiores as chances de ocorrer um acidente. E quanto maior for o número de incidentes investigados menor será o número de acidentes.

Acidentes de Trabalho
No aspecto legal, só se caracteriza um acidente de trabalho quando dele decorre uma lesão física, perturbação funcional ou doença, levando à perda parcial ou total, permanente ou temporária, da capacidade para o trabalho ou até à morte do trabalhador.

Acidente do trabalho é todo acontecimento inesperado e indesejado que ocorre no exercício do trabalho e provoca lesão corporal.

Segundo o artigo 131 do Decreto-Lei nº 2171 de 1997, acidente do trabalho é o que ocorre pelo exercício do trabalho a serviço da empresa provocando lesão corporal ou perturbação funcional que cause morte ou perda ou ainda redução, temporária ou permanente, da capacidade de trabalho.

Classificação dos Acidentes do Trabalho

A legislação enquadra como acidente do trabalho todo acidente que ocorre nas seguintes situações:

1. Acidente de trajeto – é todo aquele que ocorre no percurso compreendido entre a residência do trabalhador e o local de trabalho, ou ainda quando o trabalhador se desloca para realizar suas refeições em casa ou no trabalho.

Obs.: se o trabalhador, por interesse ou vontade própria, interromper ou alterar o trajeto normal (casa trabalho), deixa de caracterizar o acidente como de trabalho.

2. Ato de terceiro – é o ato praticado por outra pessoa e que deste ato decorre acidente com um trabalhador. Esse ato é classificado como doloso ou culposo, a saber:

• Doloso – é um ato consciente em que a pessoa que o pratica age de má fé e com intenção de prejudicar, resultando em um ato criminoso.
• Culposo – é um ato de imprudência, negligencia ou imperícia praticado por uma pessoa sem a intenção de que o fato resulte em dano a outrem.
3. Força maior – são acidentes causados em virtude de inundação, incêndios ou outro motivo de força maior, desde que atinjam o local de trabalho.
4. Fora do local de Trabalho – acidente que ocorre durante o cumprimento de ordem ou na realização de serviços sob autoridade da empresa.

Ato Inseguro e Condição Insegura

As causas dos incidentes e acidentes de trabalho são na sua esmagadora maioria decorrentes de um ato inseguro ou de uma condição insegura. O ato inseguro e a condição insegura são respectivamente:

1) Ato Inseguro – é todo ato do trabalhador que contraria as normas e procedimentos que visam a prevenção do acidente do trabalho ou doenças ocupacionais. A Lei define a responsabilidade com relação ao ato inseguro, atribuindo ao empregador a sua prevenção no desempenho do trabalho.

2) Condição Insegura – são as condições presentes no ambiente do trabalho e geradas pelo comportamento do trabalhador.

Prevenção de Acidentes do Trabalho

Segundo o principio prevencionista, o acidente é toda ocorrência não programada, estranha ao andamento normal do trabalho, da qual possa resultar em:

- Danos materiais e econômicos à empresa
- Danos físicos e/ou funcionais ou trabalhador
- Morte do trabalhador

Sob o ponto de vista prevencionista, todos os incidentes e todos os acidentes devem ser considerados importantes, pois não é possível prever se um fato provocara ou não lesões ao trabalhador.

Capítulo 5

SAÚDE E MEIO AMBIENTE

A preocupação com a saúde do trabalhador remonta do século IV a.C. quando as moléstias assolavam trabalhadores das minas e trabalhadores metalúrgicos. Com o advento da mecanização do trabalho a ocorrência de acidentes aumentou drasticamente; esse fato ficou mais acentuado na Inglaterra no final do século XVIII.

Implantação de Programa de Ginástica Laboral

Este programa deve ser implantado nas áreas de almoxarifado devido ao grande número de ocorrências de lesões na região lombar dos almoxarifes. Esse programa deve ser conduzido por pessoa treinada para tal e deve ser realizado diariamente sempre no início das atividades. Empresas que adotaram esse procedimento constataram uma redução de 100% no número de funcionários afastados por esse problema.

Meio Ambiente

Ciente de seu compromisso com as comunidades onde atua – da qual fazem parte os integrantes de sua força de trabalho - e os ambientes que abrigam as suas instalações, a Empresa Socialmente Responsável dispensa cuidados especiais à preservação ambiental, à segurança e à promoção da melhoria da qualidade de vida de seus funcionários.

Reconhecendo a preservação da vida sob todas as suas formas de manifestação como o seu maior compromisso, as Empresas Socialmente Responsáveis com atuação no Brasil e exterior assumem como Política Ambiental Corporativa todas as ações que visam garantir a saúde, segurança e preservação do meio ambiente, buscando através do desenvolvimento sustentável uma melhoria contínua da qualidade de vida.

Prevenção da Poluição

As Empresas responsáveis atenderão a todas as legislações ambientais vigentes aplicáveis a suas atividades e aos códigos de prática que as mesmas tenham aderido, visando a uma melhoria contínua e prevenção da poluição e farão um contínuo esforço para:

• Promover a implantação de programas de gerenciamento ambiental e ações práticas de controle ambiental.
• Aumentar a conscientização das responsabilidades ambientais em todos os níveis hierárquicos da Empresa, clientes e fornecedores.
• Promover a implantação de projetos que promovam produtos, processos e serviços que causem o menor efeito agressivo, buscando a preservação do meio ambiente.
• Minimizar a geração e emissão de efluentes gasosos, líquidos e sólidos.
• Promover a implementação efetiva de procedimentos de controle e de programas de destinação, tratamento e reciclagem de resíduos.

CONSIDERAÇÕES DE SEGURANÇA E MEIO AMBIENTE

Diariamente, antes do início dos serviços, deve ser abordado no DDS Dialogo Diário de Segurança aplicado a todos os envolvidos nas atividades, no mínimo os seguinte itens:

• O tipo de serviço a ser realizado.
• Levantamento dos aspectos e impactos ambientais, perigos e riscos inerentes ao serviço.
• Divulgação das recomendações de segurança.
• O uso de ferramentas adequadas e em perfeitas condições de uso.
• O uso dos equipamentos de proteção individual e coletivo adequado ao serviço.
• Observar as condições dos acessos às rotas de fuga.
• O local para armazenamento externo ao almoxarifado de conexões e acessórios de tubulação deve ser afastado da via de cir-

culação de pessoas.
- As prateleiras devem ser fixas e o acesso a elas deve ser por meio de escada.
- Sinalizar e isolar as áreas sob movimentação de carga.
- As máquinas de elevação de carga deverão ser inspecionadas pelo operador da máquina.
- Os operadores de máquinas e equipamentos devem estar devidamente adaptados e treinados nos respectivos equipamentos.
- Os resíduos gerados nas atividades de preservação e condicionamento devem ser devidamente coletados, armazenados e descartados nos locais adequados e entregue ao setor responsável pela saúde e meio ambiente para o devido descarte.
- É proibido subir ou andar sobre os tubos.

Logística Verde

A Logística Verde é a parte da logística que se preocupa com os aspectos e impactos ambientais causados pela atividade logística. Por se tratar de uma ciência em desenvolvimento ainda existe uma grande confusão conceitual a respeito deste tema (Donato, 2008). Também conhecida como **Ecologística**, é a área da logística que trata dos aspectos e impactos da atividade logística. O objetivo principal da **Logística Verde** é o de atender as necessidades da área logística, tendo como foco os princípios da sustentabilidade ambiental e da produção limpa, onde a responsabilidade é de quem produz, que deve responsabilizar-se também pelo destino final dos produtos gerados, de forma a reduzir o impacto ambiental que eles causam. Assim, as empresas organizam canais reversos, ou seja, de retorno dos materiais seja para conserto, reparo ou após o seu ciclo de utilização, para terem a melhor destinação, seja por reutilização ou reciclagem: atendendo aos princípios dos 7R. A **Logística Verde** será um referencial importante para as empresas que queiram ter um diferencial competitivo no mercado que atuam.

Ecologia

A palavra ecologia apareceu pela primeira vez em um trabalho do biólogo alemão Ernst Haeckel é deriva de dois termos gregos: oikos = casa, e elogos = estudo. Os estudos envolvem aspectos da fisiologia dos seres vivos, de seu comportamento, de sua genética e evolução biológica, alem do funcionamento do clima e dos conceitos de Física e Química aplicada à luz, água, ar e solo, enfim, todos os fatores não-vivos do meio. A ciência ecológica envolve também o estudo das inter-relações entre esses fatores.

A preocupação com o ambiente tem motivo. Está crescendo a consciência de que o homem interfere no ambiente, quase sempre de forma desastrosa. A atividade industrial intensa está provocando: chuvas ácidas, derramamento de produtos de petróleo no ambiente com destruição da fauna e flora, geração de grande quantidade de lixo de produtos derivados de petróleo, que são de difícil decomposição.

Segundo DONATO 2008, o movimento da Logística Verde surgiu no final do século XX e início do século XXI, onde vários fatores devem ser evidenciados, como os que deram início a esse movimento:
• A crescente poluição ambiental decorrente da emissão dos gases gerados pela combustão incompleta dos combustíveis fósseis durante os diversos sistemas de transporte;
• A crescente contaminação dos recursos naturais como conseqüência de cargas desprotegidas, tais como: caminhões com produtos químicos que se acidentam e contaminam rios, navios petroleiros que contaminam os oceanos;
• No que diz respeito à movimentação e armazenagem, destacou-se um fator de extrema importância que foram os impactos causados por vazamento dos diversos produtos contidos através do rompimento dos diques de contenção, utilizados pela armazenagem de resíduos da atividade produtiva (mineração e celulose);
• A necessidade de desenvolvimento de projetos adequados à efetiva necessidade do produto contido, de forma a evitar que as ações

FUNDAMENTAÇÃO TÉCNICA

geradas pelo transporte ou armazenagem não causem avarias à embalagem de produtos químicos, petroquímicos, defensivos agrícolas e farmacêuticos.

Variável Ambiental
A incorporação da variável ambiental na gestão empresarial se tem convertido em uma necessidade para as empresas que querem perpetuar e crescer no mundo dos negócios. Nesse contexto, vemos que as questões ambientais fazem parte, mais do que nunca, do mundo empresarial. Seja nas: explorações de minas, obtenção de outras matérias-primas, indústrias de transformação ou serviços.

Gestores estão desenvolvendo novas relações entre negócios, sociedade e o ambiente natural, de forma a reduzir a intensidade do processo de dano ambiental global, a neutralização ou ainda, até parar com as práticas abusivas contra a natureza. Para esse fim, é necessário uma mudança de comportamento. O processo de mudança de comportamento deve passar por diversas etapas e uma das primeiras é a educação ambiental.

Jamais a história registrou uma preocupação tão intensa, da humanidade, com a preservação do meio ambiente como a apresentada no período compreendido entre o final do século XX e início do XXI. A preservação do meio ambiente também está diretamente ligada aos diversos sistemas logísticos, daí surgindo a Ecologística ou Logística Verde (Donato, 2008). Tanto para os especialistas em logística como para os não especialistas, fica um pouco difícil entender quais os impactos das atividades logísticas no meio ambiente. Assim, é conveniente lembrar o conceito da logística como uma atividade que cuida do gerenciamento de materiais e produtos em geral, envolvendo, entre outras atividades: compras, transporte, distribuição, movimentação, armazenagem, embalagem e gestão de facilidades.

Logística Reversa

Algumas pessoas confundem Logística Verde com Logística Reversa. A Logística Reversa é a parte da Logística que trata do retorno de materiais e embalagens ao processo produtivo (Leite 2003). Quando esse retorno dos materiais, na cadeia produtiva, traz um ganho ambiental, pode ser visto como uma atividade Ecologística, pois tem como finalidade o Desenvolvimento Sustentável (Donato 2008).

Capítulo 6

EMBALAGENS

As embalagens foram concebidas com o objetivo de garantir a integridade dos produtos e facilitar o manuseio, conseqüentemente, contribuir para redução de custos e aumento da segurança. Segundo MOURA e BANZATO a embalagem pode ser definida como sendo o sistema integrado de materiais e equipamentos com que se procura levar os bens e produtos às mãos do consumidor final, utilizando-se dos canais de distribuição e incluindo métodos de uso e aplicação do produto.

Classificação das Embalagens
As embalagens são classificadas quanto à sua funcionalidade e quanto à sua capacidade de reutilização. Essas classificações são apresentadas a seguir.
Quanto à funcionalidade:

Primárias - Estão diretamente em contato com o produto: laminados em geral, frascos de vidro, latas, sacos plásticos, big-bags, etc.

Embalagens secundárias - Estão em contato com a embalagem primária. Como exemplos: Cartuchos, caixas em geral, sacos plásticos e ou laminados, etc.

Embalagens terciárias - Nessa classe incluem-se as embalagens como cartuchos, caixas de papelão, displays e outras diretamente em contato com as embalagens secundárias.

Embalagens de transporte - Incluem-se os paletes, caixas de papelão e contentores de maneira geral. Para paletes ainda utilizam-se acessórios como filmes esticáveis e encolhíveis, cintas, cantoneiras.

Quanto à utilização:

- Descartáveis
- Reutilizáveis

Embalagens reutilizáveis

Esta categoria de embalagem permite o seu reaproveitamento diversas vezes, devido ao desenho e características físicas, vide figuras 6.1 a 6.3 (embalagem reforçada com proteção nas laterais, cantos e fechaduras de segurança).

Figura 6.1 - Embalagens utilizadas em Eventos

Figura 6.2 - Reforços nos cantos

FUNDAMENTAÇÃO TÉCNICA

Figura 6.3 - Embalagem com rodas

Simbologia Utilizada nas Embalagens

O símbolo é uma figura com significado convencional usada para exprimir graficamente um aviso, recomendação ou instrução, de forma rápida e facilmente identificável.

Os símbolos de risco são pictogramas (é um símbolo que representa um objeto ou conceito por meio de ilustrações), representadas em forma quadrada, impressos em preto e fundo laranja-amarelo, utilizados em rótulos ou embalagens informando os riscos principalmente de produtos químicos. Eles servem para lembrar o risco do manuseio do produto, representando nos pictogramas e os primeiros sintomas do contato com a substância.

Os símbolos de segurança utilizados no Brasil estão de acordo com as normas da União Européia, no seu anexo II das diretivas 67/548/EWG. No Brasil, correspondem a norma NBR 7500 da ABNT. Segundo estas normas, os símbolos e indicações de perigo que devem ser utilizados são:

Corrosivo
• Símbologia: de um ácido ativo (Figura 6.8)
• Classificação: Estes produtos químicos causam destruição de tecidos vivos e/ou materiais inertes.
• Precaução: Não inalar os vapores gerados e evitar o contato com

MANUAL DO ALMOXARIFE

a pele, olhos e roupas
• Exemplo: ácido Fluorídrico e ácido clorídrico

Explosivo
• Simbologia: uma bomba detonante (Figura 6.6)
• Classificação: Substâncias e preparações que podem explodir sob o efeito da chama ou que são mais sensíveis aos choques ou às fricções.
• Precaução: evitar batida, empurrão, fricção, faísca e calor.
• Exemplo: Nitroglicerina

Comburente
• Simbologia: uma chama acima de um círculo (Figura 6.7)

Inflamável
• Simbologia: uma chama (Figura 6.6 e 6,7)
• Classificação: Podem aquecer e finalmente inflamar-se em contato com o ar a uma temperatura normal sem fornecimento de energia, ou sólidos, que podem inflamar-se facilmente por uma breve ação de uma fonte de inflamação e que continuam a arder ou a consumir-se após o afastamento da fonte de inflamação, ou no estado líquido, cujo ponto de inflamação é inferior a 21°. C, ou gasosas, inflamáveis em contato com o ar a pressão normal, ou que, em contato com a água ou o ar úmido, desenvolvem gases facilmente inflamáveis em quantidades perigosas; Materiais altamente inflamáveis, gases inflamáveis, combustíveis líquidos.
• Precaução: evitar contato com materiais ignitivos (ar, água).
• Exemplo: Benzeno, etanol e gasolina.

Tóxico
• Simbologia: apresentação de uma caveira sobre tíbias cruzadas (Figura 6.8)
• Classificação: Substâncias e preparações que, por inalação, ingestão ou penetração cutânea, podem implicar riscos graves, agudos ou crônicos, e mesmo a morte.

FUNDAMENTAÇÃO TÉCNICA

- Precaução: todo o contato com o corpo humano deve ser evitado.
- Exemplo: Metanol e monóxido de carbono

Nocivo
- Simbologia: uma cruz de Santo André (Figura 6.8)
- Classificação: Substâncias e preparações que, por inalação, in-gestão ou penetração cutânea, podem implicar riscos de gravidade limitada;
- Precaução: deve ser evitado o contato com o corpo humano, as-sim como a inalação dessa substância.
- Exemplo: Diclorometano e cloreto de potássio

Irritante
- Simbologia: uma cruz de Santo André (Figura 6.8)
- Classificação: Substâncias e preparações não corrosivas que, por contato imediato, prolongado ou repetido com a pele ou as muco-sas, podem provocar uma reação inflamatória.
- Precaução: gases não devem ser inalados e toque com a pele e olhos deve ser evitado.
- Exemplo: Cloreto de cálcio e carbonato de sódio

Perigoso para o meio ambiente
- Definição: A liberação dessa substância no meio ambiente pode provocar dano ao ecossistema a curto ou longo prazo.
- Manuseio: devido ao seu risco em potencial, não deve ser liberado em encanamentos, no solo ou no ambiente. Tratamentos especiais devem ser tomados!
- Exemplo: Benzol e cianureto de potássio

Tipos de Simbologias

Os tipos de símbolos mais utilizados são os seguintes:

MANUAL DO ALMOXARIFE

- Simbologia de advertência
- Simbologia de tipos de risco
- Simbologia de alerta para o manuseio

Tipos de Símbolos de advertência

Este tipo de simbologia é utilizado para facilitar a movimentação de pessoas em áreas de trabalho. Os símbolos de advertência mais comuns são os apresentados nas figuras 6.4 e 6.5.

Figura 6.4 – Símbolos de advertência

Figura 6.5 – Símbolos de advertência

Tipos de Símbolos de Risco

Esta simbologia informa se o material é um produto: perigoso, tóxico, inflamável, corrosivo, explosivo, radioativo, oxidante, infectante ou ácido. Os símbolos de risco mais comuns são os apresentados nas figuras 6.6, 6.7 e 6.8.

FUNDAMENTAÇÃO TÉCNICA

Figura 6.6 – Simbologia de risco

Figura 6.7 – Simbologia de risco

Figura 6.8 - Simbologia de risco

Tipos de Símbolos de alerta para o Manuseio

Os símbolos de Manuseio servem para facilitar a movimentação, o carregamento e a descarregamento. Os símbolos de manuseio mais comuns são os apresentados nas figuras 6.9, 6.10 e 6.11.

74
MANUAL DO ALMOXARIFE

Figura 6.9 Simbologia de manuseio na língua inglesa

Figura 6.10 Simbologia de manuseio na língua inglesa

Figura 6.11 Simbologia de manuseio em português

Capítulo 7

PADRÕES DE QUALIDADE

O processo de estruturação dos sistemas da qualidade das empresas no Brasil teve início no final da década de 70 com as primeiras exigências dos setores petrolíferos e nuclear. Durante essa década, os sistemas da qualidade da empresas eram baseados apenas em controles realizados no final da produção. Desde então, as empresas passaram a trabalhar na estruturação formal do seu Sistema da Qualidade com o aprimoramento de seus produtos e processos, o que resultou na obtenção das primeiras certificações, como a API Q1 para o setor petrolífero e das normas da série ISO 9000.

Buscando sempre a excelência em qualidade, meio ambiente e segurança do trabalho, surgiu a necessidade de implementação de uma norma ambiental; daí, foi criada a ISO 14001, dos requisitos do setor automotivo, QS 9000 e de um sistema para a saúde ocupacional e segurança do trabalho, conforme diretrizes do Sistema de Classificação Internacional de Segurança, da *DetNorske Veritas*. Atualmente, esse sistema está baseado nas diretrizes da norma de saúde e segurança ocupacional BSI OHSAS 18001.

Da integração dos sistemas de Qualidade, Meio Ambiente, Saúde Ocupacional e Segurança do Trabalho nasceu o Sistema Integrado de Gestão (SIG), que trouxe a sinergia entre os sistemas, propiciando racionalização, desburocratização, melhor gerenciamento das atividades executadas e adoção de melhores práticas de gestão. Em meados de 2000 surgiu a filosofia TQM – (Total Quality Management – Gestão da Qualidade Total) que, através do desdobramento de diretrizes, as unidades da empresa que a utilizam, planejam e acompanham o alcance das metas estabelecidas em diversos indicadores e programas.

MANUAL DO ALMOXARIFE

Como suporte à filosofia TQM, devem ser desenvolvidos diversos programas, tais como: CCQ (Ciclo de Controle de Qualidade) e 5S. Tudo isso com o objetivo de buscar o aprimoramento permanente da qualidade.

Padrões de Qualidade no Almoxarifado

O perfil de qualidade que se deseja do almoxarife é: boa comunicação escrita, disciplina, monitorar os prazos de validade dos materiais em estoque, propor atualizações nos padrões de qualidade e zelar pela aparência física. A tabela 7.1 apresenta as competências e habilidades básicas de qualidade necessárias para o bom desempenho do profissional na função de almoxarife.

Competência	Habilidades	Abrangência
Comunicação escrita	Capacidade de interpretar manuais e procedimentos de trabalho	Identificar atividades que necessitam de: manuais, procedimentos e instruções de trabalho.
Disciplina	Capacidade de cumprir padrões, manuais, procedimentos e instruções de trabalho.	Verificar para que as normas e padrões estejam sendo entendidas pelos receptores.

Monitorar validades	Capacidade de acompanhar prazos de validade de materiais.	Monitorar os prazos de validade dos materiais existentes em estoque para assegurar que o resultado desejado seja obtido.
Propor atualização dos manuais, procedimentos e rotinas de trabalho	Capacidade de interpretar os documentos da qualidade e identificar pontos de melhoria.	Solicitar atualização dos documentos existentes para alinhar com as mudanças de necessidades da empresa/ práticas de trabalho.
Aparência física	Capacidade de manter uma postura profissional.	Manter cabelo, unhas e barba feita, fardamento e calçados sempre limpo.

Tabela 7.1 - Perfil de qualidade necessário ao Almoxarife

Histórico da Qualidade

Kaoru Ishikawa nasceu em 1915 e se formou em Química Aplicada pela Universidade de Tóquio em 1939. Após a II Guerra Mundial, ele se envolveu nos esforços primários da JUSE – União de Cientistas e Engenheiros Japoneses - para promover qualidade no intuíto de reconstruir aquele país. Posteriormente, tornou-se presidente do Instituto de Tecnologia Musashi. Até sua morte, em 1989, o Dr. Ishikawa foi a figura mais importante no Japão na defesa do Controle de Qualidade. Foi o primeiro a utilizar o termo TQC - Controle de Qualidade Total (Total Quality Control) e desenvolveu as "Sete Ferramentas da Qualidade", as quais considerou que qualquer trabalhador poderia utilizar no dia-a-dia, não apenas os gerentes. Recebeu muitos prêmios durante sua vida, incluindo o Prêmio Deming e a Segunda Ordem do Tesouro Sagrado, uma altíssima honraria do governo japonês.

MELHORES PRÁTICAS PARA IMPLANTAÇÃO DE UM PROGAMA DE QUALIDADE NO ALMOXARIFADO

Ishikawa observou que embora nem todos os problemas pudessem ser resolvidos com a implantação de ferramentas da qualidade, ao menos 95% poderiam ser, e que qualquer trabalhador poderia efetivamente utilizá-las. Embora algumas dessas ferramentas já fossem conhecidas havia algum tempo, Ishikawa as organizou especificamente para aperfeiçoar o Controle de Qualidade Industrial nos anos 60.

Fatores Críticos de Sucesso
Os fatores críticos de sucesso para qualquer programa de qualidade são:
1. Envolver todos os interessados/atingidos pelo processo
2. Não criticar ideias e sugestões
3. Agrupar as causas conjuntamente
4. Não sobrecarregar o pessoal
5. Construir um diagrama para cada problema/defeito
6. Listar todas as causas mais prováveis
7. Criar ambiente favorável à solução do problema
8. Entender claramente cada causa e seus possíveis efeitos.

FUNDAMENTAÇÃO TÉCNICA

Princípios básicos

Os dois princípios básicos para implantação de um programa de qualidade são:

1. Atraso do julgamento
2. Criatividade em quantidade e qualidade

O primeiro princípio possui algumas caracteristicas particulares, ou seja, é nesse momento que ocorre um fenômeno: a maioria das más ideias são inicialmente boas ideias. Portanto, se ocorrer o atraso ou adiamento do julgamento, é dada a chance de se gerarem muitas ideias antes de se decidir por uma. De acordo com Osborn, o ser humano é capaz tanto do julgamento como da criatividade; porém, a maioria dos processos de educação nos ensina apenas a usar o julgamento, e dessa forma nós apressamos o julgamento. Quando praticamos o atraso do julgamento, permitimo-nos usar a mente criativa para gerar ideias sem as julgar, não é fácil; primeiro, não parece natural, mas depois têm as suas recompensas.

Quando estamos em um processo de gerar ideias, é necessário ignorar as considerações quanto à:

• Importância da ideia
• Usabilidade e praticabilidade.

Nesse patamar, todas as ideias são iguais. É necessário atrasar o julgamento enquanto ainda não terminamos o momento de geração de ideias.

O segundo princípio é relativo à quantidade e qualidade da criatividade. Quantas mais ideias forem geradas, será mais provável encontrar uma boa ideia. A técnica de brainstorming tira vantagem de associações que se desenvolvem quando se consideram muitas ideias. Uma ideia pode levar a outra. Ideias más podem levar a boas ideias. Por vezes, não conseguimos pensar em um problema enquanto não houver algumas respostas. A técnica do Brainstorming dá-nos a hipótese de pôr as ideias que passam pela cabeça no papel, de maneira a conseguir obter as melhores delas.

Usualmente, as linhas de guia que se seguem são chamadas de "regras". Devem ser seguidas como regras, embora sejam apenas linhas de guia ou de direção.

Regras
As quatro principais regras da implantação de um processo de qualidade são:

1. **Críticas são rejeitadas:** Esta é provavelmente a regra mais importante. A não ser que a avaliação seja evitada, o princípio do julgamento não pode operar. A falha do grupo ao cumprir esta regra é a razão mais crítica para que a sessão de levantamento de problemas e ideias não resulte em sucesso.

2. **Criatividade é bem-vinda:** Esta regra é utilizada para encorajar os participantes a sugerir qualquer ideia que lhe venha à mente, sem preconceitos e sem medo que isso faça com que seja avaliado imediatamente. As ideias mais desejáveis são aquelas que inicialmente parecem ser sem domínio e muito longe do que poderá ser uma solução. É necessário deixar as inibições para trás enquanto se geram ideias. Quando se segue essa regra, cria-se automaticamente um clima apropriado. Isso aumenta também o número de ideias geradas.

3. **Quantidade é necessária:** Quantas mais ideias forem geradas, mais chances há de encontrar uma boa ideia. Quantidade gera oportunidade de acerto.

4. **Combinação e aperfeiçoamento são necessários:** O objetivo desta regra é encorajar a geração de ideias adicionais para a construção e reconstrução sobre as ideias já geradas pelos outros.

FUNDAMENTAÇÃO TÉCNICA

Embora, não haja um padrão de passos específicos para a implementação de um programa de qualidade, as seguintes atividades principais são bastante típicas:

- Desenvolver um enunciado para o problema
- Selecionar um grupo de 6 a 12 participantes
- Enviar uma nota aos participantes falando-lhes acerca do problema. Deverão ser incluídos: o enunciado do problema, o contexto, algumas soluções e outras coisas que se revelem úteis para o caso
- Começar por escrever o problema em um quadro visível a todos os elementos pertencentes ao grupo
- Falar, novamente, sobre as 4 regras principais do processo de implantação de um programa de qualidade
- Requisitar novas ideias aos participantes pela ordem pela qual esses levantam a sua mão. Apenas uma ideia deve der sugerida em cada momento
- Tomar nota das ideias
- Cada sessão deve durar cerca de 30 minutos. Não se deve durar horas
- Selecionar um grupo para avaliação das ideias composto de três a cinco pessoas
- Fornecer ao grupo a lista de ideias e dizer-lhes que sugiram e selecionem as melhores ideias
- Fornecer ao grupo original um relatório com as ideias selecionadas pelo grupo de avaliação e requisitar a submissão de quaisquer ideias adicionais estimulada pela lista
- Dar a lista final de ideias à pessoa ou grupo de trabalho do projeto.

Composição do grupo

A maioria dos grupos de qualidade são constituídos por pessoas e composto das seguintes funções:

- O líder
- Os membros

MANUAL DO ALMOXARIFE

- Um(a) secretária(o).

Devem ser escolhidas pessoas que tenham alguma experiência com o problema em causa. É necessário não colocar os chefes junto com os trabalhadores. Devem escolher-se pessoas que estejam no mesmo patamar da hierarquia na organização, pois a maioria das pessoas não consegue libertar sua criatividade diante do seu chefe. O líder de grupo deve ser familiar com processos de qualidade e ter facilidade em manter-se relaxado, em uma atmosfera descontraída.

A(O) secretária(o) deve ter facilidade a rápidez na escrita. Esta(e), vai ter que tomar nota de uma lista de ideias que vão ser geradas. As ideias não têm, necessariamente, de ser escritas exatamente da mesma forma que são ditas. O nome da pessoa que sugere as ideias não deve ser anotado, já que o anonimato encoraja a liberdade de expressão.

Implantação de um processo de qualidade é uma boa forma de pensar e um bom caminho a seguir para a criação de um novo ambiente de trabalho.

Deve utilizar-se essa técnica para problemas que tenham um final em aberto. Como em todas as técnicas criativas, o problema deve ser descrito em termos específicos para que ideias específicas possam ser geradas. Generalidades, mesmo as mais brilhantes, são raramente as soluções mais criativas. Um problema de implantação de um processo de qualidade deverá ter um grande número de possíveis soluções. A resposta nunca é demasiado restrita.

Avaliação do Grupo
O grupo de implantação do processo de qualidade deverá conter de seis a doze pessoas. Já o grupo de avaliação deve ser composto de cerca de três, cinco ou sete pessoas. Usando um número ímpar eliminam-se as possibilidades de empate quando é efetuada a votação das possíveis soluções. Essa situação ajuda muito quando é

FUNDAMENTAÇÃO TÉCNICA

procurado um consenso ao invés da votação.

A composição dos membros desse grupo pode variar. Poderá consistir de pessoas que faziam parte do grupo de geração de ideias, ou na combinação de pessoas desse grupo com pessoas externas, ou de um grupo completamente novo de indivíduos.

Utilizar as mesmas pessoas poderá ter a vantagem de assegurar a familiaridade com o problema, enquanto o uso de um grupo de pessoas externas ao grupo original pode ter o benefício da maior objetividade e imparcialidade.

A tarefa principal do grupo de avaliação é a de avaliar todas as ideias e selecionar as melhores para uma possível implementação ou estudo adicional. Depois que o líder do grupo receber a lista de ideias da(o) secretária, essas devem ser editadas e ainda certificar e verificar que elas estão descritas claramente e estão concisas. As ideias devem ser organizadas segundo categorias lógicas (usualmente, estas categorias vão de cinco a dez) e apresentadas ao grupo de avaliação para revisão. É possível tornar este processo mais fácil e prático utilizando um checklist organizado segundo determinados critérios como a simplicidade das ideias, menos custosas em termos de tempo e capital, e outros termos similares. O grupo de avaliação deve verificar as melhores ideias de forma a sujeitá-las a testes práticos.

PARTE III
MELHORES PRÁTICAS LOGÍSTICAS

Capítulo 8

SISTEMA DE IDENTIFICAÇÃO DE MATERIAIS

Existem diversas maneiras de identificar materiais e essa identificação pode ser realizada de forma provisória ou permanente. As identificações permanentes podem ser por puncionamento, gravação a laser ou gravação em alto ou baixo relevo. Já as identificações provisórias (mais utilizadas) podem ser efetuadas através de etiquetas ou ainda utilizando marcação com tinta, utilizando lápis de cera, giz ou marcador industrial. Essa marcação é realizada diretamente na peça.

Dispositivos de identificação de materiais
As etiquetas podem ser de localização ou de identificação de material, conforme descrito a seguir:

• Etiqueta de identificação de material: acompanhará o material, isto é, será colocada fisicamente sobre ele (adesiva ou não) e somente poderá ser removida quando da sua utilização.

• Etiqueta de localização: ficará no local de armazenamento e será colocada no escaninho ou posição no pátio pelo almoxarife que é a pessoa designada para a tarefa.

Etiqueta de Identificação
Para uma perfeita identificação física de todos os materiais dentro de um almoxarifado, deve-se criar uma etiqueta de identificação para cada material e mantê-las no material. Apresentamos um modelo de etiqueta de identificação de material nas figuras 8.1 e 8.2. Todos os materiais em estoque deverão ser mantidos sempre identificados no tempo de permanência.

As informações mínimas que devem constar nas etiquetas de identificação são:

- Número do item
- Descrição curta
- Nota fiscal e ano

```
421010312349

Tubo A/C A105 sch 40 10"

NF. 1001/09
```

Figura 8.1 - Modelo etiqueta de identificação de material

CÓDIGO DE BARRAS
Padrão EAN. UCC-13

Figura 8.2. - Modelo de etiqueta de material utilizando código de barras

Detalhamento do código da etiqueta
- 789   O País onde a empresa é filiada à EAN (789 – código do Brasil)
- 8888   Número código atribuído pela EAN à empresa
- 0000   Número seqüencial utilizado pela empresa para identificar seus produtos
- 11   Dígitos verificadores

MELHORES PRÁTICAS LOGÍSTICAS

Padrão EAN. UCC-128 Utiliza 128 caracteres padrão ASCII
O Símbolo EAN. UCC-128 é uma simbologia extremamente flexível, permitindo a representação de dados de comprimento variável e possibilita codificar várias informações em um símbolo do código de barras a partir dos 128 caracteres ASCII. No código EAN. UCC-128 mostrado abaixo, há dois grupos de informações importantes:

1. O código traz as informações do produto que são identificadas pelo código EAN. UCC-13
2. Além do código do produto temos sua data de validade e seu código de lote.

Figura 8.3. - Modelo de etiqueta de Localização

Equipamentos e software necessários para um sistema de código de barras tornarem operacional são:

Hardware
— Computador / Micro PC XT AT

— Decodificador:
- placa interna no micro
- interface para conexão

— Leitores óticos:
- caneta ótica
- scanner de mesa
- scanner manual

— Impressora Matricial

Software
— Software de Impressão de Código de Barras

SISTEMA DE LOCALIZAÇÃO DE MATERIAIS

Todo escaninho no armazém recebe uma seqüência de número único e segue as seguintes regras básicas:

• O Armazém é dividido em diferentes zonas de estocagem (ex. por especialidade de material e dentro da especialidade por família de material)
• Zonas de estocagem são distribuídas em montantes
• O número do escaninho deve ser de acordo com a posição física

Todo local de armazenamento segue um critério específico, a saber:

• Tamanho do espaço (espaço disponível)
• Limite de peso
• Classificação ABC
• Giro de estoque
• Etc.

SISTEMA DE LOCALIZAÇÃO
Para uma perfeita identificação e localização física de todos os materiais, dentro de um almoxarifado, deve-se criar uma etiqueta de localização, modelo apresentado na seqüência de figuras 8.3 a 8.4, para cada material e mantê-las no local, e também lançar a localização no sistema informatizado de estoque. Deverá ser mantido sempre em dia e com disciplina no decorrer de seu uso.

Etiqueta de Localização
As informações mínimas que devem constar nas etiquetas de localização são:

MELHORES PRÁTICAS LOGÍSTICAS

- Número do item
- Descrição curta
- Código do local

421010312349
Tubo A/C A105 sch 40 10"
O1A01A01

Figura 8.4. - Modelo de etiqueta de Localização

Políticas de Localização

A locação de peças poderá ser feita por especialidade, ou seja, especialidade dos materiais elétricos, mecânicos, instrumentação, tubulação, administrativo, de segurança, etc.

Localização por famílias de especialidade de materiais

Dentro da especialidade subdivide-se por família, por exemplo, a especialidade de material de mecânica tem as seguintes famílias de materiais:

- Engrenagens
- Rolamentos
- Retentores
- Acoplamentos
- Anel O

As peças semelhantes, como por exemplo, a família dos rolamentos, das engrenagens e dos retentores, poderão ser armazenadas de forma agrupada. Já as peças da especialidade elétrica podem agrupar os diversos modelos de lâmpadas (família das lâmpadas) que poderão formar outro grupo, próximas umas das outras; contudo, não podemos armazenar peças de uma mesma família em locais distintos.

Escaninhos

As prateleiras dentro do sistema convencional de estantes são fabricadas com divisórias de chapas metálicas, parafusadas ou de encaixe; contudo, esse sistema não permite total flexibilidade de uso de toda a prateleira, utilizando-se, também, na ausência desses separadores, algumas gavetas (caixas) de plástico, conforme figura 8.5 e 8.6.

Figura 8.5 - Acessório de armazenamento/contentor

Figura 8.6 - Estante utilizando contentores como separador de prateleira

Localização extra ou reserva temporária

Este é um artifício muito utilizado pelos almoxarifes, porem é muito perigoso, pois pode ocorrer perda de controle do estoque caso os locais reservas não sejam administrados muito bem.

Exemplo:

Já vimos que temos a etiqueta, de localização no material; contudo, se uma prévia locação é destinada para conter, por exemplo, até

MELHORES PRÁTICAS LOGÍSTICAS

50 peças e recebemos 100 destas peças, logicamente o espaço da prateleira que tínhamos disponível não será suficiente. Vejamos o que devemos fazer:

1. Colocar as 50 peças na sua locação original ou real
2. Para as outras 50, você deverá abrir um local extra e emitir uma etiqueta de localização extra ou reserva ou temporária.

Obs. Quando você remover os materiais da locação extra, não se esqueça de eliminar as etiquetas que estão nos materiais e excluir esse local do sistema.

Capítulo 9

RECEBIMENTO E CONFERÊNCIA DE MATERIAIS

Não é o bastante saber receber determinado material pela verificação de sua quantidade de embalagens e valor. Para bem receber materiais é necessário ter conhecimento dos materiais (especificações, forma de embalagem, etc.) e da documentação pertinente, de forma a assegurar que o produto recebido atenda os requisitos especificados.

Tipos de conferência de recebimento
Os tipos de conferência mais utilizados são:

• Conferência física de embalagens – procedimento realizado por almoxarife experiente, que consiste na conferência física e documental das embalagens recebidas. O almoxarife deve saber diferenciar: uma caixa de um pacote, barrica de tambor, amarrado de um feixe, de um contêiner de 20' com um contêiner de 40', etc.
• Conferência física de materiais – Geralmente realizada no ato do recebimento, quando ocorre a desembalagem e manuseio. Procedimento realizado tanto por almoxarife experiente quanto por inspetor de recebimento.
• Conferência física de materiais por amostragem – materiais que exijam conferência física, porem são rotineiramente fornecidos em grande quantidade, exemplo: parafusos, porcas, arruelas, etc. ou ainda conferência dimensional e documental. Para esse tipo de conferência é necessária a definição do tamanho do lote de conferência, conforme apresentado no capítulo 2.
•Conferência total - Todos os materiais correspondentes ao lote recebido são examinados. Esse procedimento é utilizado em materiais que exijam conferência física do total do material e documental.
• Conferência com inspeção física - utilizada em obras de engenharia, fabricação de máquinas e outras. Procedimento realizado tanto por almoxarife experiente quanto por inspetor de recebimento.

Importância e Características da conferência

O recebimento de material é uma atividade muito importante, e assim pede dupla conferência: dos materiais e da documentação. É importante que o almoxarife tenha conhecimento do material que está recebendo. Isso ajuda na realização de uma conferência corretamente. O almoxarife deve escolher a forma adequada de movimentar, manipular, identificar, estocar e tomar as medidas de segurança pessoal e das pessoas envolvidas nessas tarefas, pois os materiais podem ter se deslocado, dentro da embalagem, durante o transporte.

Antes de receber o material, deve-se fazer um confronto entre a Ordem de Compra e a Nota Fiscal, para verificar se há correspondência entre os itens de um e do outro, e se a sua empresa é realmente o destinatário final.

Atenção!
Não encontrada nenhuma irregularidade no recebimento do material, a Nota Fiscal deverá ser atestada e encaminhada imediatamente ao setor de Contas a Pagar para programação do pagamento dentro do prazo de vencimento. Nunca reter NF no setor de recebimento.

Perfil do Profissional de Recebimento

O profissional que irá trabalhar com o recebimento de materiais deve possuir as seguintes competências e habilidades:
- Saber interpretar uma NF para a execução dos trabalhos de recebimento
- Especificar e quantificar materiais, ferramentas, equipamentos e instrumentos para realização dos processos de conferência e inspeção de recebimento
- Administrar tempos de execução dos processos de Conferência e inspeção de recebimento
- Interagir com pessoas envolvidas no processo
- Selecionar e utilizar fontes de consulta para a obtenção de informações necessárias aos processos de Conferência e inspeção de recebimento

MELHORES PRÁTICAS LOGÍSTICAS

- Aplicar procedimentos técnicos, normas técnicas, ambientais, de segurança, de saúde e higiene no trabalho e padrões de qualidade adequados aos processos de Conferência e inspeção de recebimento
- Utilizar recursos existentes de forma racional e econômica
- Manter ambiente de trabalho limpo e organizado.

Documentos de referência
Os documentos básicos utilizados para o recebimento dos materiais são:

- Nota Fiscal
- Descrição do material (utilizado pelo setor de compras para negociação)
- Pedido de compra, isto é, do setor de compras para o fornecedor (PCM, AFM)
- Normas técnicas quando pertinente.

É de responsabilidade do almoxarife:

- Conferir no recebimento, os materiais - Preencher a FCIM - Ficha de Conferência e Inspeção de Materiais ou documento similar. Exemplo de uma FCIM é apresentado no anexo 5. Essa ficha deve ser preenchida para os materiais controlados e previamente definidos conforme a Tabela de Conferência e Inspeção de Materiais definida pela empresa.
- Inspecionar no recebimento - Para materiais controlados previamente definidos pelo usuário conforme a Tabela de Conferência e Inspeção de Materiais.
- Manter anexa a FCIM, uma cópia da NF e comunicar ao setor de compras da empresa os casos de não conformidades.

Obs.
A FCIM só deve ser preenchida nos casos de rejeição de material ou matérias com indicação de inspeção.

MANUAL DO ALMOXARIFE

O departamento de suprimento deverá enviar cópia do pedido de compra (requisição de compras) às áreas de recebimento com antecedência suficiente para permitir o planejamento da chegada de materiais.

Procedimentos Básicos
Ao recepcionar um material, o almoxarife só deve receber a Nota Fiscal juntamente com o material que está sendo entregue e em seguida consultar o pedido de compra respectivo, que deve estar discriminado na NF.

Atenção!
Nunca deve ser atestada uma Nota Fiscal sem a simultânea conferência física do material.
Caso o pedido não esteja disponível para consulta, entrar em contato com o Setor de Compras e obter os dados necessários. Com as informações em mãos, o almoxarife deve:
• Conferir os dados fiscais e de faturamento da Nota Fiscal e sua conformidade com o pedido.
• Verificar se o material que está sendo entregue corresponde ao que consta no pedido e na Nota Fiscal.
• Verificar a quantidade do material, utilizando romaneios específicos, quando necessário.
• Comunicar ao usuário sobre a chegada do material, quando necessário.
• Se o material for controlado, realizar as inspeções e ensaios previstos.
• Para os materiais que não necessitem inspeção, utilizar os dados constantes do pedido de compra para conferência.
• Preencher todos os campos da FCIM - Ficha de Conferência e Inspeção de Materiais, que deve incluir cada verificação ou ensaio realizado previstos, com os respectivos resultados.
Em função do resultado da conferência/inspeção, é decidido se o lote de materiais será aceito ou não. Um procedimento padrão de aceite ou rejeição segue a seguinte seqüência:

MELHORES PRÁTICAS LOGÍSTICAS

1. Aceitação total do material - Não havendo problemas, receber o material, assinar o canhoto, entregá-lo ao transportador e liberar sua saída.

2. Recusa total do material no ato do recebimento - Caso o pedido não esteja disponível, anotar no verso da Nota Fiscal o motivo da devolução, entrar em contato com o comprador e informar os dados necessários.

3. Recusa parcial do material - Informar a ocorrência de problemas ao setor de compras e receber autorização para devolução
Para o caso da recusa total, seguir como mostrado abaixo:

• Informar a ocorrência de problemas ao setor de compras e receber autorização para devolução.
• Carimbar o verso da Nota Fiscal, anotando a quantidade e descrição do material devolvido.
• Devolver a Nota Fiscal ao transportador juntamente com o material recusado.
• Liberar a saída do transportador da empresa.

Para o caso da recusa parcial, seguir como mostrado abaixo:

• Assinar o canhoto.
• Dar entrada no material
• Informar o comprador
• Emitir Nota Fiscal de devolução do material recusado
• Acionar o transporte (por conta do fornecedor)
• Devolver o material recusado ao fornecedor juntamente com cópia da FCIM anexo a Nota de devolução.
• Liberar a saída do transportador.

A Ficha de Conferência e Inspeção de Materiais deve ser preenchida em qualquer um dos casos citados acima, para materiais controlados. A identificação e a disposição de produtos não-conformes devem ser anotadas no campo específico da FCIM e o Departamento de Suprimento deve ser informado.

MANUAL DO ALMOXARIFE

A FCIM – Ficha de Conferência e Inspeção de Materiais é o registro dos resultados da inspeção de recebimento, devendo ser preenchida da seguinte forma:

• Material - discriminar o material que está sendo entregue pelo fornecedor.
• Responsável pelo recebimento - quem está recebendo.
• Fornecedor/ fabricante - quem é o fornecedor.
• Quantidade - quanto está sendo entregue.
• NF número - número da nota fiscal.
• Data de entrega - data em que o material está sendo recebido.
• Ensaio e/ou verificação - cada uma das verificações realizadas para o material inspecionado, Figura 9.1.
• Resultado obtido - resultado obtido para cada uma das verificações realizadas.
• Aprovação (S/N) identificar a aprovação (ou não) do material.
• Disposição do produto não - conforme - caso tenha sido encontrada alguma não conformidade, qual foi o tratamento dado ao produto.

Material Inspecionado

As situações de resultado da inspeção e ensaios no recebimento de materiais são identificadas a partir de plaquetas ou etiquetas indicativas aderidas no material da seguinte forma:

• Material sem placa/etiqueta - aprovado.
• Material com placa/etiqueta vermelha com o indicativo do termo: "Não Liberado" (reprovado ou em análise). O material não liberado deve permanecer em área delimitada e demarcada para tal fim.

MELHORES PRÁTICAS LOGÍSTICAS

Figura 9.1 - Medição com paquímetro

Liberação por emergência
Quando algum produto necessita ser liberado em caráter de especial, para fins de utilização urgente, o usuário deve solicitar formalmente que ele tenha prioridade sobre os demais.
Para os produtos fornecidos pelos clientes diretamente na área de utilização (sem passar pelo recebimento) também é utilizada a mesma sistemática de recebimento de material descrita acima.

Em nenhuma hipótese e sob nenhuma justificativa materiais devem adentrar na empresa sem uma conferência ou inspeção de recebimento.

Avaliação de fornecedores
Fornecedor também deve ser avaliado quanto ao prazo e atendimento. Para tal, preenchem-se os campos específicos da FCIM relativos à entrega de acordo com o Procedimento Operacional - Qualificação e Avaliação de Fornecedores.

Formação de lotes para amostragem
A formação de lotes para amostragem é o conjunto de procedimentos necessários através dos quais se seleciona uma amostra de uma População.

AMOSTRA

Uma amostra se divide em:

Amostragem probabilística — quando todos os elementos da População têm uma probabilidade conhecida e superior a zero de integrar a Amostra.

Amostragem não probabilística – que se divide em:

• Amostragem intencional — Amostragem não Probabilística subordinada a objetivos específicos do investigador.
• Amostragem não intencional — Amostragem não Probabilística regida por critérios de conveniência e/ou de disponibilidade dos inquiridos.

RASTREABILIDADE

Todos os materiais recebidos para aplicação deverão ser identificados e rastreados a sua documentação de origem, nota fiscal e certificado de qualidade.

Os materiais recebidos devem estar devidamente identificados quanto a características físicas, especificações e status de recebimento: aprovado, reprovado, não conforme, aguardando inspeção, de maneira a facilitar a utilização.

A identificação dos materiais poderá ser através de etiquetas. Materiais de pequeno porte armazenados em área coberta, utilizar marcação diretamente no componente ou placas identificadora de lotes. Ex. válvulas, conexões, tubos etc.

MELHORES PRÁTICAS PARA O RECEBIMENTO E CONFERÊNCIA DE MATERIAIS

INSPEÇÃO E RECEBIMENTO DE MATERIAIS EM GERAL

Toda vez que a ALMOXARIFE receber um material seja do cliente ou fornecedor, deve ser gerado um registro com os dados básicos como: especificação, quantidades e data. Normalmente esse documento é o mesmo utilizado para requisição e movimentação do material. Os materiais recebidos devem ser inspecionados quanto aos seguintes aspectos:

- Visual
- Identificação
- Certificado de qualidade
- Dimensional

Visual

A inspeção visual de recebimento pode se aplicar a 100 % dos itens recebidos. Deve ser verificado o estado geral da superfície quanto a amassamento, corrosão, quebra, dupla laminação, rebarbas, mossas, entalhes, defeitos de forjamento e falhas de fundição. Verificar também a embalagem e acondicionamento.

Identificação

Todos os materiais recebidos devem estar identificados de acordo com a especificação de projeto e normas aplicáveis. A identificação devera permitir a rastreabilidade do componente ate o respectivo certificado de qualidade do material e devera ser mantida até a aplicação do material.

Certificado de Qualidade

Os valores dos Certificados de Qualidade emitidos pelos fabricantes deverão ser confrontados com os valores requeridos pelas normas aplicáveis. Não devem ser aceitas cópias de certificados.

Dimensional

Os materiais devem ser inspecionados quanto à suas características dimensionais, em conformidade com as especificações técnicas e documentos de projeto. Aplicar índice de 100% quando não indicado nos requisitos específicos.

INSPEÇÃO NO RECEBIMENTO DE TUBOS
Visual

A inspeção visual de recebimento pode se aplicar a 100 % dos itens recebidos. Deve ser verificado o estado geral da superfície quanto a amassamento, corrosão, quebra, dupla laminação, rebarbas, mossas, entalhes, defeitos de forjamento e falhas de fundição. Verificar também a embalagem e acondicionamento.

Identificação

E verificada a identificação dos tubos que devem conter as seguintes informações:

- Especificação do material
- Logotipo do fabricante
- Diâmetro nominal
- Comprimento
- Espessura nominal
- Número de corrida ou de fabricação rastreável ao certificado de qualidade do fabricante

Certificado de Qualidade

Os valores dos Certificados de Qualidade emitidos pelos fabricantes deverão ser confrontados com os valores requeridos pelas normas aplicáveis. Não deve ser aceito cópias de certificados.

Dimensional

A inspeção deve ser conforme o procedimento abaixo e os parâmetros de aceitação devem ser conforme norma de fabricação do tubo, considerar a amostragem de 20% do lote recebido.

- Verificação
- Diâmetro externo e interno
- Espessura
- Ovalização
- Angulo do bisel e face da raiz
- Comprimento
- Embicamento da solda longitudinal

INSPEÇÃO NO RECEBIMENTO DE FLANGES

Identificação
Deveram ser verificadas as identificações dos flanges, que devem possuir, visivelmente estampados, os seguintes dados:

- Marca de fabricante
- Classe de pressão
- Tipos de face
- Tipo de flange
- Especificação e grau do material
- Diâmetro nominal
- Diâmetro de furo
- Número de fabricação rastreavel aos respectivos certificados de qualidade

Certificado de Qualidade
Os valores dos Certificados de Qualidade emitidos pelos fabricantes deverão ser confrontados com os valores requeridos pelas normas aplicáveis. Não devem ser aceitas cópias de certificados.

Visual
Alem das verificações definidas anteriormente, deverá ser verificado o estado geral das faces dos flanges, se o ranhuramento esta em bom estado, sem mossas ou corrosão.

Dimensional

Deve ser feita inspeção dimensional conforme procedimento abaixo, em 20% das pecas. Os parâmetros de aceitação devem ser conforme norma de fabricação aplicável:

- Verificação
- Diâmetro externo do ressalto
- Espessuras do flange
- Diâmetro externo do pescoço na extremidade para solda
- Diâmetro interno do pescoço na extremidade para solda
- Diâmetro interno do flange para flange de encaixe
- Diâmetro da circunferência de furação
- Excentricidade entre diâmetro da circunferência de furação e a face usinada do flange
- Distância entre centro de furos de parafusos adjacentes
- Espessura do pescoço do flange na extremidade a ser soldada
- Bisel - ângulo e face plana

INSPEÇÃO NO RECEBIMENTO DE CONEXÕES

Identificação

Deverá ser verificada a identificação das conexões, que devem possuir estampados ou através de etiquetas os seguintes dados:

- Especificação completa do material
- Diâmetro
- Classe de pressão ou espessura
- Tipo e marca do fabricante
- Numero de fabricação - lote ou corrida - rastreável aos respectivos certificados de qualidade.

Visual

Devera ser verificado o estado geral das roscas quanto a amassamento, corrosão, rebarbas, comprimento e outras avarias.

Dimensional

Deve ser feita inspeção dimensional conforme procedimento abaixo, em 20% das peças recebidas. Os parâmetros de aceitação devem ser conforme norma de fabricação aplicável.

- Verificação
- Diâmetros nas extremidades
- Circularidade
- Distância centro face
- Espessura ou classe
- Ângulo das curvas 45 e 90
- Extremidades

Certificado de Qualidade

Os valores dos Certificados de Qualidade emitidos pelos fabricantes deverão ser confrontados com os valores requeridos pelas normas aplicáveis. Não devem ser aceitas cópias de certificados.

INSPEÇÃO NO RECEBIMENTO DE JUNTAS

Identificação

Deverá ser verificada a identificação das juntas, que devem possuir estampados ou através de etiquetas, os seguintes dados:

- Especificação completa do material, inclusive material de enchimento
- Diâmetros
- Espessuras
- Classe de pressão
- Tipo de junta
- Numero de fabricação - lote ou corrida - rastreável aos respectivos certificados de qualidade.

Visual

As juntas não devem apresentar amassamentos, dobras ou redução de espessura. Atenção especial deverá ser dada as juntas do tipo anel – RTJ - que não devem conter em sua superfície corrosão, amassamento, avarias mecânicas ou trincas.

Dimensional

Deve ser feita inspeção dimensional conforme procedimento abaixo em 20% das peças recebidas. Os parâmetros de aceitação devem ser conforme norma de fabrica aplicável:

Juntas não metálicas

Verificar a espessura, diâmetro externo e interno segundo os critérios da norma ASME B16.21.

Juntas metálicas

Verificar a espessura, diâmetros externo e interno, passo das juntas espiraladas ou corrugadas, dureza das juntas tipo anel segundo critério da norma ASME B.16.20.

INSPEÇÃO NO RECEBIMENTO DE VÁLVULAS

Identificação

Todas as válvulas devem estar identificadas por plaqueta, de acordo com a codificação de projeto - TAG. Alem da identificação de projeto devem ainda constar as seguintes identificações:

- Especificação do material
- Classe de pressão
- Numero de fabricação rastreável ao respectivo Certificado de Qualidade

Na falta do número de projeto – TAG - a válvula devera ter outra identificação individual rastreável ao certificado de qualidade do fabricante

Visual

O estado da superfície do corpo da válvula deve ser verificado quanto a corrosão, amassamento e falhas da fundição. As áreas que apresentarem evidência de danos mecânicos são verificadas por liquido penetrante, a fim de se verificar a existência de trincas produzidas pelo impacto, em cujo caso a válvula e rejeitada.

Dimensional

Deve ser verificado se as seguintes características da válvula estão de acordo com as especificações do projeto:

- Diâmetro interno
- Espessura do corpo
- Soldas nos flanges
- Distância entre extremidades face a face
- Chanfro para solda
- Roscas tipo e passo

Certificado de Qualidade

Os valores dos Certificados de Qualidade emitidos pelos fabricantes deverão ser confrontados com os valores requeridos pelas normas aplicáveis. Não devem ser aceitas cópias de certificados.

Verificações Gerais

- Verificar o estado das roscas e engaxetamento, sendo que os mesmos não devem estar danificados Para a válvula agulha e de retenção, verificar se o elemento de bloqueio recolhe.
- Abrir e fechar integralmente as válvulas, sendo que as mesmas devem funcionar livremente.
- Para a válvula esfera verificar se na posição aberta o elemento de bloqueio esta perfeitamente alinhado com a abertura de passagem, e na posição fechada, se o elemento de bloqueio fecha completamente.
- Em todas as válvulas dotadas de acionadores, devem ser realiza-

das verificações previamente antes da montagem e teste de funcionamento.

Nota - Antes de efetuar os testes definidos acima, deverá ser verificada a limpeza interna das válvulas, a fim de se evitar danos à sede e elementos de vedação das válvulas.

INSPEÇÃO NO RECEBIMENTO DE PARAFUSOS E PORCAS

Amostragem
Verificar por plano de amostragem simples e risco de erro do consumidor de 5%.

Identificação
Todos os lotes de parafusos e porcas devem ser identificados com etiquetas ou placas constando as seguintes informações: especificação, tipo de parafuso e de dimensões. Adicionalmente, os lotes deverão receber identificação rastreável aos respectivos certificados de qualidade.

Certificado de Qualidade
Os valores dos Certificados de Qualidade emitidos pelos fabricantes deverão ser confrontados com os valores requeridos pelas normas aplicáveis. Não devem ser aceitas cópias de certificados.

Visual
Verificar o estado geral quanto a amassamento, trincas, corrosão, acabamento, proteção e rosqueamento.

Dimensional
Verificar se as seguintes características das porcas e parafuso estão de acordo com as especificações de projeto

- Verificação geral

MELHORES PRÁTICAS LOGÍSTICAS

- Comprimento do parafuso
- Diâmetro do parafuso e da porca
- Altura e distância entre faces e arestas da porca
- Tipo e passo da rosca

INSPEÇÂO NO RECEBIMENTO DE MATERIAIS ELÉTRICOS

Identificação

Todos os lotes de materiais devem estar identificados com marca do fabricante em alto ou baixo relevo - para materiais fundidos - e outras marcas indeléveis para outros, de forma a relacioná-los objetivamente ao certificado anexo.

Certificado de Qualidade

Os valores dos certificados de qualidade emitidos pelos fabricantes deverão ser confrontados com os valores requeridos pelas normas aplicáveis. Para materiais a prova de explosão e OBRIGATÓRIO o acompanhamento do certificado de conformidade para uso em atmosfera explosiva conforme portaria do INMETRO 238, no formato original ou com cópia controlada assinada pelo Fabricante ou Distribuidor.

Visual

Verificar o estado geral quanto a amassamento, trincas, corrosão, acabamento, proteção e rosqueamento. Para cabos verificar o estado de conservação do isolamento elétrico.

Dimensional

Verificar as seguintes características dimensionais conforme abaixo:

- Eletrodutos galvanizados e acessórios – ANSI - ASME B1.20.1
- Eletrodutos e acessórios em PVC NBR-6150
- Cabos elétricos NBR-6880

ORGANIZAÇÃO E LIMPEZA

Todo o espaço reservado à inspeção e recebimento de materiais deve estar permanentemente limpo e arrumado. Nenhum material deve ser colocado diretamente sobre o solo, devendo os materiais estar no mínimo 20 cm acima do piso. Cada colaborador é responsável pela limpeza e organização de seu setor de trabalho.

Capítulo 10

ARMAZENAMENTO DE MATERIAIS

O almoxarifado é um dos setores que se relaciona mais intensamente com os demais setores de uma organização, pois é ele que serve de apoio aos demais, visto que o seu objetivo é servir de abrigo temporário dos materiais para atender aos diversos setores usuários. A metodologia de seqüência de estocagem obedece a sistemas e modos geralmente determinados pelos tipos de materiais manuseados. A boa conservação de um material estocado exige conhecimento geral sobre o comportamento de cada espécie, seu peso, tipo, forma física, clima, etc.

Política de Armazenamento
Regras simples de armazenamento devem ser adotadas como políticas de estocagem para que sejam seguidas por todos. A seguir descreveremos algumas dessas regras:

• Armazenar preferencialmente os materiais de maior giro próximos ao ponto de atendimento (balcão)
• Armazenar os materiais mais pesados na altura da cintura para evitar problemas lombares nos almoxarifes
• Todo material armazenado deve estar identificado com o número de estoque
• Todo material estocado deve estar cadastrado no sistema de suprimento
• O almoxarifado não deve ser tratado como depósito.

Melhores Práticas para o Armazenamento de Materiais

**"Os materiais de pequeno porte nunca devem
ser armazenados soltos, sem embalagens".**

As melhores práticas para armazenamento de materiais são:

1. A estocagem de materiais explosivos, inflamáveis e perecíveis, deve ser sempre em áreas e instalações próprias, observando-se as normas técnicas específicas.

2. A estocagem de alimentos de ser em áreas e instalações próprias, afastadas dos demais materiais e observando sempre a legislação específica.

3. As áreas de estocagem de explosivos devem ser secas, ventiladas e isoladas completamente de outras áreas ou instalações destinadas à estocagem de outros materiais.

4. As áreas de estocagem de inflamáveis, produtos químicos e materiais tóxicos, quando situadas em áreas cobertas deverão ser bem arejadas, com paredes laterais e frontais, pisos e tetos construídos de materiais não combustíveis. O piso deve ter ralos para coleta de produtos que foram indevidamente derramados. O material coletado não deve ser lançado em córregos e sim coletados e destinados para neutralização e descarte.

**"Os materiais de grande porte nunca deverão ser estocados
diretamente no piso e sim sobre estrados".**

SISTEMA DE ENDEREÇAMENTO
Através de um Sistema de Localização eficaz e dinâmico, você obterá vantagens, tais como:

MELHORES PRÁTICAS LOGÍSTICAS

- Saberá, realmente, onde o material está localizado
- Localizará o material com rapidez
- O material será facilmente localizado, por qualquer funcionário
- Terá melhor aproveitamento do espaço disponível
- Aumentará a produtividade na separação das peças
- Propiciará melhor atendimento ao cliente.

Exemplo de um Sistema de Endereçamento

Acompanhe a seqüência detalhada e conhecerá passo a passo, a importância dessa operação. Tomemos como exemplo uma localização aleatória, ou seja:

A1A01C5A

- A – O primeiro dígito indica o prédio (no caso de empresa que possuem mais de um armazém).
- 1A - Indica o endereço do corredor; esse sistema alfanumérico (como o número em primeiro lugar) dá uma grande capacidade de identificação aos corredores do almoxarifado, pois vai utilizar apenas dois dígitos: 1A, 1B, 1C, etc até o final do alfabeto e depois um novo inicio com 2A, 2B, 2C... e assim por diante.
- 01 - Identifica a estante, módulo de seção. Esse sistema numérico de dois dígitos dará para identificar até o número noventa e nove, em cada corredor (lado par/lado impar).
- C5 - Localiza em qual prateleira se encontra um determinado material. Você começa com a letra/número (alfa/numérico) – A1, A2, A3 até A9 e depois B1, B2, B3 até B9 e assim sucessivamente.
- A – identifica o escaninho onde se encontra um determinado material.

Você deverá iniciar essa identificação, na estante, sempre de baixo para cima e da esquerda para a direita. No sistema alfa numérico você deverá ter muita atenção quando for usar as letras abaixo mencionadas:

MANUAL DO ALMOXARIFE

Letra Indicador Negativo

- L Parecida com o número 1
- N Pode ser vista ou lido como a letra M
- O Pode ser entendida como número 0 (zero)
- Q Parecida com a letra O
- U Pode ser entendido como letra V
- Z Pode parecer como sendo o número 2

Esse sistema que está sendo demonstrado permite uma total flexibilidade, obtendo uma grande gama de opções alternativas no sistema de armazenagem de peças de acordo com as necessidades. Resumindo, o almoxarife armazenará seus materiais onde for mais conveniente, obedecendo às regras de armazenamento.

Regras básicas de classificação de materiais no estoque

Organizar por classe de material (elétrico, mecânico, instrumentação, tubulação, administrativo, segurança, etc.). Concentração dos materiais de uma única classe em locais adjacentes a fim de facilitar as atividades de movimentação. Separação dos estoques do mesmo material, em função de sua condição física (novo ou recuperado). Arrumação dos estoques do mesmo material, de acordo com a data de recebimento de cada um, de modo a permitir que os itens estocados há mais tempo sejam fornecidos prioritariamente (primeiro a entrar, primeiro a sair). Outras regras são:

- Estocagem dos materiais de movimentação constante em locais de fácil acesso, proporcionando economia de tempo e mão-de-obra.
- Estocagem paletizada dos materiais pesados e/ou volumosos nas partes inferiores das unidades de estocagem, eliminando-se riscos de acidentes ou avarias e facilitando as atividades de movimentação.
- Uniformização do empilhamento de materiais, observando-se que as pilhas devem ser formadas sempre do fundo para frente e da esquerda para a direita dos locais de estocagem.
- Conservação dos materiais nas embalagens originais, que so-

MELHORES PRÁTICAS LOGÍSTICAS

mente devem ser abertas em ocasiões de fornecimento, inspeção e preservação.

• Posicionamento correto dos materiais de modo a permitir fácil e rápida leitura das informações registradas em etiquetas de identificação do material ou na própria embalagem.

• Estocagem adequada dos materiais soltos em escaninhos, por meio de empacotamento ou amarração uniforme e marcação externa dos dados de identificação.

Manuseio de material

Em linhas gerais, sugerimos algumas condições que estão relacionadas com o manuseio:

• Equipamentos para manuseio adequados
• Procedimentos de manuseio adequados
• Procedimentos de manuseio formalizados
• Definição clara de cada área
• Treinamento dos colaboradores com relação aos padrões definidos.

MELHORES PRÁTICAS DE ARMAZENAMENTO DE MATERIAIS

Devem ser seguros, de forma a se evitar que produtos aptos a serem utilizados se danifiquem ou deteriorem. O controle de entrada e saída destas áreas deve ser apropriado, além da avaliação periódica do produto estocado, a fim de detectar problemas de deterioração.

Condições básicas para o armazenamento:

• Sistema de Controle de Estoques (entrada e saída)
• Sistema FIFO (First-in/First-out – primeiro a entrar, primeiro a sair)
• Sistema de Localização de Estoques.

Recomendações básicas para armazenamento de algumas categorias de materiais

Embalados (caixas, engradados, pacotes, etc.)
Condições Gerais:

• Local fechado, apropriado para evitar ação da água ou umidade, extravio ou roubo, sobre estante de madeira ou aço
• As estantes não devem ter contato com as paredes do depósito
• Garantir que os produtos mais velhos sejam utilizados antes dos recém entregues, atentando para que nunca se ultrapasse a data de validade do produto (na embalagem)
• Armazenar separando por tipo de material
• A cobertura da área de estoque deve ser reforçada para minimizar os riscos de perda do material por goteiras ou vazamentos despercebidos.

Condições específicas:

• Em regiões litorâneas, prever proteção contra umidade
• Em regiões industrializadas, prever proteção contra ambiente ácido

Ensacados
Condições Gerais:

• Local fechado, apropriado para evitar ação da água ou umidade, extravio ou roubo, sobre estrado de madeira (pontaletes e tábuas ou chapas de compensado).
• As pilhas não devem ter contato com as paredes do depósito.
• Garantir que os sacos mais velhos sejam utilizados antes dos sacos recém entregues, atentando para que nunca se ultrapasse a data de validade do produto (na embalagem).
• Separar por tipo de material.

MELHORES PRÁTICAS LOGÍSTICAS

• A cobertura da área de estoque deve ser reforçada para minimizar os riscos de perda do material por goteiras ou vazamentos despercebidos.

• Em regiões litorâneas, prever proteção contra umidade, cobrindo-se o lote com uma lona plástica (não vedar completamente), para garantir a durabilidade do cimento.

Condições específicas:

• Argamassa colante pilhas de 20 sacos
• Argamassa industrializada para revestimento pilhas de 15 sacos
• Cal hidratada pilhas de no máximo 20 sacos
• Cimento pilhas de no máximo 10 sacos, sendo permitidos 15 sacos para períodos menores que 15 dias
• Rejunte pilhas de aproximadamente 1,5 m de altura
• Gesso ensacado pilhas de no máximo 20 sacos

Material a granel (areia, brita, etc.)
Condições gerais:

• O material é depositado diretamente sob o terreno, o mais próximo possível da produção ou aplicação.
• Transporte é realizado com carrinhos de mão ou padiolas.
• Protegidos contra contaminação de resíduos (serragem, pontas de ferro, arame, pregos, folhas de árvores, etc.).

Condições específicas:

• Baias cercadas em três laterais, em dimensões compatíveis com o canteiro e com o volume a ser estocado evitando-se, assim, espalhamento, mistura e desperdício de material.
• Em épocas de chuvas torrenciais é recomendada a cobertura do material com lonas plásticas, a fim de impedir o seu carreamento.
• Sem contato direto com o solo. Caso o material esteja em contato direto com o solo, deverão ser desconsiderados os primeiros 15 cm

em contato direto para o uso ao qual foi destinado, isso porque ele estará contaminado.

• Areias com granulometria diferentes deverão ser estocadas em baias separadas por tipo e granulometria, com identificação de placas.

Barras e fios de aço (amarrados e feixes)
Condições gerais:

• Sem contato direto com o solo, utilizando-se de caibros ou pontaetes.
• Em caso de longos períodos de chuvas ou logo período de estocagem, cobrir com lona plástica.
• Os recortes e sobras devem ser estocados em locais específicos, não havendo a necessidade de cuidados especiais no manuseio e armazenamento.

Condições específicas:

• Barras e fios devem ser armazenados separados por bitola, com a etiqueta de identificação visível.
• Cortado e dobrado devem ser separados por feixes, com etiquetas em locais visíveis.

Tela e chapas de aço
Condições gerais:

• Durante o manuseio atentar para que o material não tenha contato direto com o solo, para não haver impregnação de sujeira em sua superfície.
• Armazenar as telas sobre pontaletes separados por tipo, com placas de identificação, sem contato direto com o solo.
• Em caso de longos períodos de chuvas ou logo período de estocagem, cobrir com lona plástica.
• Atentar para a altura do empilhamento (2 rolos ou 0,5m). Quando estiver em rolos, travá-los para que não rolem abaixo.

MELHORES PRÁTICAS LOGÍSTICAS

Condições específicas:

• As telas de aço devem ser armazenadas separadas por bitola, com a plaqueta de identificação visível.
• Cortado e dobrado devem ser separados por feixes, com plaquetas em locais visíveis.

Madeira bruta
Condições gerais:

• Estoque tabicado por bitola e tipo de madeira ou peça
• Sem contato direto com o solo, utilizando-se de caibros ou pontaletes como base.
• Em caso de longos períodos de chuvas ou longo período de estocagem, cobrir com lona plástica.
• Os recortes e sobras de aço devem ser estocados em locais específicos, não havendo a necessidade de cuidados especiais no manuseio e armazenamento.

Condições específicas:

• Devem ser armazenados separados por bitola, com a etiqueta de identificação visível.
• Cortado, devem ser separados por feixes, com etiquetas em locais visíveis.

PARTE IV
SISTEMAS DE AMARRAÇÃO DE CARGAS

SISTEMAS DE AMARRAÇÃO DE CARGAS

O processo de transporte de cargas de um determinado produto sofre a influência de forças fisicas. Nos processos de exportação é muito comun uma determinada mercadoria utilizar diversos modais. Tomando como exemplo a exportação de carne do estado do Mato Grosso do Sul para os EUA, a carga inicialmente é embarcada no MT via rodovia, que segue até Santos; de Santos até Nova Iorque, via modal marítmo; de Nova Iorque para Cincinnati por ferrovia e, finalmente de Cincinnati ao cliente final novamente por rodovia. O almoxarife embarcador deve ter conhecimento de que em cada um desses modais a carga sofrerá deferentes tipos de forças e acelerações. Já que as condições de navegação no Atlântico Norte são mais rigorosas que as da costa brasileira e que a carga sofrerá acelerações bruscas nas seguintes situações:

• Carregamento e descarregamento dos navios
• Balanços e adernamentos no transporte marítmo
• Choques quando da formação das composições no transporte ferroviário
• Aceleração e desaceleração no transporte rodoviário
• Aceleração, desaceleração, inclinações, mudanças de temperaturas bruscas e frenagem no transporte aéreo.

A quarta e quinta parte deste livro serão dedicadas aos sistemas de amarração de cargas e sistemas de elevação de cargas, de tal forma que o almoxarife tenha conhecimento de que as cargas devem chegar ao destino final com total integridade. Dessa forma, estaremos divulgando técnicas de contenção e movimentação de cargas, que podem ser facilmente aplicadas, e têm como objetivo evitar as avarias físicas (que envolvem embalagens, acondicionamento, estocagem, empilhamento, manuseio, vibração, choques, etc.), químicas e biológicas (que envolvem temperatura, contaminação, umidade, iluminação, ventilação, prazo de validade, exigências sanitárias, entre outros) decorrentes do transporte nos diversos modais.

Capítulo 11

PRINCÍPIO DA AMARRAÇÃO DE CARGAS

Qualquer amarração de uma carga pesada é uma operação que exige planejamento, técnica e experiência. Através de comprovações práticas ao longo dos anos, tem-se percebido que cada vez mais é necessário um planejamento técnico, antes de se realizarem operações de amarração de cargas, pois essa atividade tem se tornado cada vez mais complexa, devido ao fato de que normalmente o tempo disponível para a operação é escasso, o espaço de operação é menor, as cargas mais pesadas e delicadas, os equipamentos mais sofisticados, enfim, existe uma necessidade constante de aperfeiçoamento das operações, dos equipamentos como também do pessoal envolvido.

Problemas podem ser evitados com uma analise técnica da operação, um estudo de cargas e uma adequação dos acessórios e equipamentos (AMC e EMC) e a carga a ser içada. A importância do estudo de cargas e sua correta utilização na correção de eventuais problemas logísticos, ainda na fase de planejamento, devem ser levadas em consideração desde o inicio da fase de planejamento. Em um estudo de cargas todos os elementos que compõem essa operação devem ser levados em consideração.

As cargas podem ser deslocadas durante o transporte, para tanto é necessário que lancemos mão de algumas técnicas para conter as cargas. Os principais problemas são os deslizamentos e tombamentos. O deslizamento pode acontecer devido à falta de aderência, isto é atrito, entre a superfície de contato da carga e do equipamento de transporte. Já o tombamento pode ocorrer devido à falta de estabilidade das cargas, que têm o centro de gravidade alto, característica de cargas com a relação base e altura desproporcional, isto é, pouca base e muita altura.

MANUAL DO ALMOXARIFE

Quando as cargas apresentam baixo coeficiente de atrito (deslizam facilmente) ou quando já se tem conhecimento que elevadas forças estarão envolvidas durante o transporte, temos que lançar mão de elementos externos restritivos à movimentação das cargas.

Principais atividades que antecedem a amarração de carga

As principais atividades que antecedem uma movimentação de carga e que fazem a diferença quanto à qualidade do serviço são:

- Estiva
- Fixação de cargas
    — Amarração
    — Escoramento da carga
    — Travamento da carga

ESTIVA

Os trabalhadores dessa categoria de trabalho recebem diversas denominações, dependendo do modal de transporte que esteja atuando conforme demonstrado a seguir.

O que é Estiva?

Denomina-se de Estiva ao conjunto de operações destinadas à movimentação de mercadorias para bordo dos porões das embarcações principais ou auxiliares, trens, caminhões, aviões e conveses de navios incluindo ainda o transbordo, arrumação, e o carregamento e descarregamento dessas..

Na área portuária

Os trabalhadores de estiva na área portuária são denominados de estivadores. No Brasil trabalham por tarefa, geralmente engajados em sindicatos ou empresas por períodos diurnos e noturnos. Trabalham em grupos ou equipes chamados "ternos", que variam em quantidade de homens de acordo com a natureza da carga. Os componentes dos ternos exercem várias funções como, por exemplo:

SISTEMAS DE AMARRAÇÃO DE CARGAS

- **Cabo de Turma** – é o responsável pela operação.
- **Estivadores** – são os trabalhadores de estiva na área portuária.
- **Motoristas** - São os que movimentam, manobram ou desarrumam viaturas quando essas são utilizadas.
- **Operadores de guindaste** - São os que operam os guindastes de carga e similares.
- **Operadores de Empilhadeira** – são aqueles que operam empilhadeiras e pás carregadeiras.
- **Rechegadores** - São os que deslocam a carga para o local adequado à estivagem ou desestivagem.
- **Sinaleiros** - são os que dirigem e orientam o trabalho dos operadores de guindaste de carga por meio de sinais. Normalmente se posicionam à margem do material que será içado e ficam em uma posição em que possam visualizar adequadamente o local onde a lingada é confeccionada ou depositada.

No transporte rodoviário

Os trabalhadores da estiva que atuam nesta modalidade são denominados de chapas. No Brasil trabalham por empreitada, geralmente engajados por períodos diurnos. Trabalham em grupos ou equipes, que variam em quantidade de homens de acordo com a natureza da carga, Os componentes dos grupos exercem várias funções como, por exemplo:

- **Sinaleiros** - são os que dirigem e orientam o trabalho dos operadores de empilhadeiras e motoristas por meio de sinais. Normalmente se posicionam a margem do equipamento que será movimentado e ficam em uma posição em que possam visualizar adequadamente o local onde a carga é depositada.
- **Motoristas** - São os que movimentam, manobram viaturas quando essas são utilizadas.
- **Operadores** – são aqueles que operam pórtico, pontes rolantes, empilhadeiras e transpaleteiras elétricas.
- **Chapa** - São os que deslocam a carga para o local adequado à estivagem ou desestivagem, como também amarram e desamarram a carga.

MANUAL DO ALMOXARIFE

- Encarregado – é o responsável pela operação.

No transporte ferroviário

Os trabalhadores da estiva que atuam nesta modalidade são denominados de estivadores. No Brasil trabalham por empreitada, geralmente engajados por períodos diurnos e noturnos. Trabalham em grupos ou equipes, que variam em quantidade de homens de acordo com a natureza da carga. Os componentes dos grupos exerceram várias funções como, por exemplo:

- **Encarregado** – é o responsável pela operação.
- **Estivadores** - São os que deslocam a carga para o local adequado à estivagem ou desestivagem, como também amarram e desamarram a carga.
- **Sinaleiros** - são os que dirigem e orientam o trabalho dos maquinistas por meio de sinais. Normalmente se posicionam a margem do equipamento que será movimentado e ficam em uma posição em que possam visualizar adequadamente o local da manobra.
- **Operadores** – são aqueles que operam pórtico, pontes rolantes, empilhadeiras e locomotivas.

No transporte aéreo

Os trabalhadores da estiva que atuam nesta modalidade são denominados de ajudante de pátio. No Brasil trabalham vinculados a uma empresa, geralmente engajados em empresas por períodos diurnos ou noturnos. Trabalham em grupos ou equipes, que variam em quantidade de homens de acordo com a natureza da carga, Os componentes dos grupos exerceram várias funções como, por exemplo:

- **Sinaleiros** - são os que dirigem e orientam o trabalho dos pilotos de avião e motoristas por meio de sinais. Normalmente se posicionam à margem do equipamento que será movimentado e ficam em uma posição em que possam visualizar adequadamente o local de manobra.

SISTEMAS DE AMARRAÇÃO DE CARGAS

- **Motoristas** - São os que movimentam, manobram viaturas quando essas são utilizadas.
- **Operadores** – são aqueles que operam tratores e rebocadores.
- **Ajudante de pátio** - São os que deslocam a carga para o local adequado à estivagem ou desestivagem, como também amarram e desamarram a carga.
- **Encarregado** – é o responsável pela operação.

A remuneração, a definição de funções, a composição das equipes e demais condições do trabalho de movimentação de carga são responsabilidade do líder e dos Operadores Logísticos envolvidos.

FIXAÇÃO DE CARGAS

Para cada tipo de mercadoria existe uma espécie determinada de material e técnica de fixação. Para se obter uma fixação correta e segura, é necessário o conhecimento antecipado do material a ser fixado e do material disponível que será usado na operação. Na maioria das vezes a decisão cabe ao encarregado da operação.

Amarração de Cargas
Denomina-se de amarração de determinada carga o ato de prender a carga às partes estruturais do equipamento transportador, com objetivo de imobilizá-la a fim de que a mesma não se mova e provoque avaria no equipamento transportador, na tripulação, em terceiros e na própria carga, em decorrência do balanço natural durante a viagem sob as mais variadas condições de tempo e de meio físico.

Tipos de fixação de cargas
Toda carga embarcada deve estar bem segura, de modo a não sofrer avarias com os diversos movimentos do equipamento transportador quando em viagem. Para isto, existem quatro processos básicos de fixação, a saber:

- Peação
- Escoramento
- Travamento
- Restrição por atrito

Peação

Peação consiste na amarração de carga às partes estruturais do equipamento transportador ou a olhais e arganéis, especialmente colocados para este fim. O material empregado na peação vai desde cabos e correntes até redes especiais. A peação deve estar sempre bem apertada, e medidas devem ser tomadas para que o aperto possa ser recorrido em viagem, evitando folgas resultantes dos vários movimentos sofridos pelo equipamento transportador.

A peação é particularmente recomendada nos casos de navios com porões muito altos e conveses sem pontos de apoio. Uma vantagem da peação é seu baixo custo e rapidez de execução, tendo como principal desvantagem a menor segurança, se comparada com o escoramento.

Como material de fixação, usam-se:

- Cabos de fibra vegetal
- Cabos de fibra sintética
- Cabos de aço
- Fitas de aço
- Redes
- Correntes

Peação com cabos de fibra (corda)

A peação com cabo de fibra é muito utilizada no transporte rodoviário. A peação com cabo de fibra deve ser evitada em cargas embarcadas em navios, pois normalmente afrouxa durante a viagem devido ao balanço natural nesse tipo de transporte (caturros e helings). Por isso, deve ser utilizado um sistema de peação que permita ao pes-

SISTEMAS DE AMARRAÇÃO DE CARGAS

soal de bordo tesar a amarração da carga, quando necessário. Isso pode ser feito usando-se um trambelho entre duas pernadas da peação, um colhedor de bigotas ou coisa semelhante ou, simplesmente, tesando-se um cabo de pernada da peação para outra

Peação com cabo de aço
A peação com cabo de aço é das mais baratas, seguras e fáceis de fazer. O comprimento da peia é ajustado com estranguladores (grampos).

Peação com fita de aço
A peação com fita de aço é muito usada nos Estados Unidos e Europa. As fitas são tesadas como nas caixas de fardos. Fitas de várias larguras são usadas e grampos especiais prendem a fita à estrutura do equipamento transportador. Requer muito cuidado quando da sua retirada, pois formam, em caso de rompimento súbito, lâminas perigosíssimas, que tanto podem avariar a carga como provocar sérios ferimentos ao pessoal envolvido com o serviço.

Peação com corrente de aço
A peação com corrente é especialmente usada para cargas de grande peso, como toras de madeira e equipamentos. O comprimento da corrente é ajustado por meio de um elo estrangulado, e a colocação da peia é idêntica à do cabo de aço.

Peação com redes
A peação com redes é atualmente muito usada nos transporte aéreo. As redes são tesadas nos paletes de fardos. Redes de várias larguras são usadas e grampos especiais prendem a rede à estrutura do palete e estes são presos ao equipamento transportador.

Peação de Contêineres
As partes mais resistentes de um contêiner são as suas arestas. Nelas se encontram os montantes de canto, longarinas superiores e inferiores que junto com travessas suportam todos os esforços durante o manuseio.

Peação de veículos

A peação de veículos é feita com cintas de nailon acopladas a dispositivos de travamento (catraca) ou ganchos (figura 11.1).

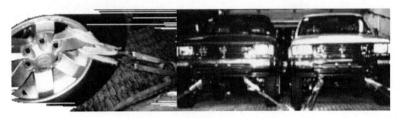

Figura 11.1- Peação de veículos

Escoramento

É feito com caibros e cunha de madeiras ou escoras de aço. No caso de bobinas (peças) de madeira, essas são pregadas e/ou acunhadas no assoalho do equipamento transportador. Já para as peças de aço, essas são soldadas aos lastros dos equipamentos transportadores. As escoras podem ser colocadas na posição vertical, horizontal ou inclinadas, de acordo com local e a finalidade do escoramento. As escoras inclinadas devem prender a carga de cima para baixo, pois as escoras de baixo para cima tendem a saltar com o movimento do equipamento transportador.

As escoras devem estar apoiadas sobre tábuas de separação para distribuição da pressão exercida pela carga, evitando que essa se faça em um só ponto.

Como Utilizar Escoras

As escoras devem estar apoiadas sobre tábuas de separação para distribuição da pressão exercida pela carga, evitando que essa se faça em um só ponto. Essas tábuas têm que estar tanto na horizontal como na vertical e, nas cobertas, devem ir de cima a baixo, ocupando toda a altura do pavimento.

SISTEMAS DE AMARRAÇÃO DE CARGAS

Figura 11.2 - Escoramento de cargas indicada por setas na figura acima

Travamento

O travamento de cargas consiste no ato de prender carga às partes estruturais do equipamento transportador ou a outras cargas. O material empregado no travamento vai desde colchões, travesseiros de ar a câmaras de ar (figura 11.3). O travamento deve sempre deixar a carga bem apertada, e medidas devem ser tomadas para que o aperto possa ser corrigido em viagem, evitando folgas resultantes dos vários movimentos sofridos pelo equipamento transportador.

Outro tipo de travamento utilizado é o que usa colchões de ar. Esse travamento é particularmente recomendado nos casos de cargas especiais. Uma vantagem do travamento com colchões de ar é seu baixo custo e rapidez de execução, tendo como principal desvantagem a menor segurança, se comparada com o escoramento, lembrando sempre que os colchões de ar podem estourar ou furar.

Figura 11.3 - Colchão de ar colocado na vertical travando carga

Restrição por Aumento do Atrito

Quando por conseqüência do baixo coeficiente de atrito entre as cargas e o veículo transportador o almoxarife pode lançar mão dos seguintes elementos externos de restrição:

— Manta de borracha
— Roseta

Manta de Borracha

As mantas quando utilizadas garantem sob qualquer condições de umidade um coeficiente de atrito de cerca de 0,6G. Essa nova situação traz uma garantia maior quanto a força que será necessária aplicar nas amarrações que garantirão um transporte seguro.

Figura 11.4 - Equipamento apoiado em mantas de borrachas

Roseta

Este é um dispositivo utilizado em cargas que utilizam embalagens de madeira e são transportados em equipamentos com assoalho de madeira. Esses dispositivos nada mais são que discos de aço com bordas pontiagudas em formato de dentes, que quando colocadas sob a carga cravam a parte dentada na madeira (embalagem e assoalho).

SISTEMAS DE AMARRAÇÃO DE CARGAS

Figura 11.5 - Exemplo de roseta aplicado em embalagem de madeira

DESAPEAÇÃO DE CARGAS

Chama-se de desapeação de carga o processo de desamarração de cargas das partes estruturais do equipamento transportador ou a olhais e arganéis das diversas cargas para que essas possam ser içadas pelos equipamentos de guindar. Neste processo são tirados os materiais de peação fixados às mesmas, bem como é desfeito o apoio das escoras e as tábuas de separação para a desestivagem de mercadorias.

Desapeação de Veículos com cinta de Nylon
Na desapeação de veículos, que são peados com cintas de Nylon acopladas as catracas, é necessário primeiro pressionar o mecanismo de destravamento existente, e acioná-lo no sentido anti-horário para folgar e assim, desfazer-se a peação. Após soltar as cintas, essas devem ser arrastadas pelo chão, a fim de que as partes metálicas não batam na lataria dos veículos.

Cargas peadas com correntes
Na desapeação de cargas peadas com correntes onde são aplicadas esticadores de pressão, deve-se obrigatoriamente, ao desapeá-las, usar a chave apropriada para folgar as peias, nunca desapeando de

modo improvisado, para não causar danos a carga ou ao trabalhador devido o alivio repentino de tensão que pode provocar lesão no braço do trabalhador.

Cargas desapeadas com cabos de aço

Ao desapear cargas peadas que estavam presas com cabos de aço, deve haver o cuidado de folgar sempre em primeiro lugar os esticadores, em seguida os grampos, estranguladores (clips) ou manilhas. Posteriormente desfaz-se a peia é retirado todo material da peação, deixando a carga livre para ser removida.

Desapeação de contêineres

Na desapeação de contêineres peadas com haste rígida (varão), folga-se sempre os esticadores em primeiro lugar, destorcendo-se até possibilitar a desconexão da haste rígida, retirando-a do contêiner, e posteriormente desprende-se o esticador do convés; nunca se deve retirar a peia completa, pois tal procedimento envolve o risco de acidentes pessoais graves. Devemos ter cuidado de não destravar todos os contêineres da mesma coluna ao mesmo tempo, porque se algum contêiner intermediário travar há o perigo de toda coluna desabar.

CUIDADOS NA UTILIZAÇÃO DE CABOS

A utilização de cabos por pessoas descuidadas ou leigas podem causar danos sérios a estes importantes acessórios de amarração e movimentação de carga. Os danos mais comuns são os apresentados a seguir:

Perna de Cachorro

Este dano é gerado durante a forma de manusear erradamente um cabo de aço.

Figura 11.6 - Cabo de aço apresentando o defeito perna de cachorro

Rabo de porco
Decorrente pela utilização em trabalhos com cabos em diâmetros pequenos, isto é, abaixo do recomendado.

Figura 11.7 - Cabo de aço apresentando o defeito rabo de porco

CUIDADOS NA UTILIZAÇÃO DE CINTAS

Todo conjunto de amarração que utilize cintas deve conter etiqueta de identificação com a identificação do fabricante, comprimento, capacidade de carga, data de fabricação, código de rastreabilidade. Na inexistência da etiqueta ou caso as informações estejam ilegíveis, deve-se solicitar a substituição da mesma após inspeção pelo fabricante ou retirá-la de uso por não conhecer o responsável técnico legal pela fabricação do produto e nem a capacidade de carga. A seguir são apresentados alguns problemas comuns que ocorrem na utilização de cintas em sistemas de amarração. Não utilizar nós no sistema de amarração com cintas.

Rompimento da Cinta
Esta falha é gerada pelo trabalho da cinta com capacidade menor que o recomendado ou a utilização de cinta que apresenta defeitos.

Exemplo desse tipo de falha é apresentado na figura 11.8.

Figura 11.8 - Cinta de nylon rompida

Corte da Cinta
Esta falha é gerada pelo trabalho da cinta na movimentação de estruturas ou equipamentos que apresentam cantos vivos. Exemplo desse tipo de falha é apresentado na figura 11.9.

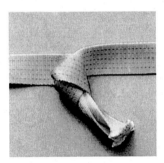

Figura 11.9 - utilização de nó como emenda em cinta de nylon (errado)

Outros problemas que ocorrem com a utilização de cabos e cintas serão apresentados no capítulo 17.

Capítulo 12

ACESSÓRIOS PARA AMARRAÇÃO DE CARGAS - AAC

Propriedades do Metal

Resistência à Fadiga do metal

Esta propriedade esta relacionada à qualidade do metal com o qual os fios foram fabricados. Para ter uma boa resistência à fadiga, o fio deve ser capaz de dobrar, curvar repetidas vezes sob tensão, passando por roldanas e enrolados nos tambores dos equipamentos de carga. A solução encontrada pelos projetistas foi de confeccionar os cabos com um número maior de fios mais finos.

Resistência ao amassamento

O amassamento é o resultado de pressões externas, que podem modificar o formato da seção transversal do material. O amassamento prejudica o movimento natural do cabo impedindo que as pernas se ajustem durante a operação.

Resistência à rotação

Os cabos são fabricados para suportar o torque causado pela carga aplicada ao cabo. Este torque é resultado do esforço que os arames e pernas, enrolados em volta da alma, fazem para voltar à posição antes de formar o cabo. É esse torque que faz a carga, quando suspensa, girar.

ACESSÓRIOS DE AMARRAÇÃO DE CARGAS

É qualquer mecanismo que tenha condições para movimentar uma carga. Os acessórios para movimentação de carga mais usuais são:

- Cabos de aço
- Catracas
- Cintas
- Cordas
- Correntes
- Esticadores
- Dispositivos de canto (gatos, fechos de torção e manilhas)
- Redes
- Terminais

Cabos de aço e terminais

O cabo de aço (*wire rope*) é um dos principais acessórios utilizado para amarração de carga pesada. Ele é constituído por fios (arames) enrolados formando fiadas e essas são entrelaçadas em torno de uma alma (núcleo), que pode ser de fibra natural ou sintética ou de aço.

Selecionando um cabo de aço para determinado trabalho

Para a seleção de um cabo de aço mais apropriado ao serviço, devem ser levados em consideração os seguintes pontos:

- Carga de Ruptura Mínima Efetiva – CRME, (é carga que um cabo pode suportar sem se romper)
- Carga de ruptura teórica (é a carga indicada pelo fabricante).
- Fator de segurança é a relação entre CRME e a Carga de trabalho SWL aplicada ao cabo.

A carga segura de trabalho – SWL (*safe working load*) nunca deverá ultrapassar a um quinto da carga de ruptura mínima efetiva. Isso porque o fator de segurança deve ser sempre igual a 5.

$$SWL = \frac{CRME}{5}$$

SISTEMAS DE AMARRAÇÃO DE CARGAS

Exemplo:
Para um cabo de aço com ½" (13mm) de diâmetro, a CRME (tirado da tabela do fabricante) é de 9.710 kgf/mm². A carga de trabalho segura será:

$$SWL = 9.710/5 = 1.842$$

Conclusão:
Para um cabo com ½" (meia polegada) de diâmetro, a carga de trabalho segura é de 1.842 kg/mm².

Catracas
A catraca é um elemento de tensão. Um elemento de tensão é um dispositivo mecânico que permite transferir a tensão de um ponto a outro. No caso de amarração utilizando cintas, a catraca transfere a tensão à cinta de amarração.

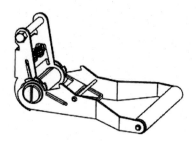

Figura 12.1 - Elemento de tensão, a Catraca

Vale salientar que no mercado brasileiro são encontrados os mais diversos tipos de catracas. Caso encontre desgaste prematuro das engrenagens sob condições normais de utilização (sem sobrecarga), amassamentos e torções na alavanca, certamente adquiriu produto de custo reduzido e que não é testado de acordo com a norma alemã EN 12.195-2.

Catracas com haste curta

A catraca com haste curta é também chamada de catraca padrão (conforme a norma DIN EN 12.195-2). A força de pré-tensionamento de uma catraca padrão será identificada na etiqueta como Stf e seu valor varia de 250 à 350 daN em tração direta para uma força de 50 daN (= 50 kgf) na alavanca. Valores maiores podem ser atingidos, porém medidos com o auxilio de um dispositivo indicador de tensão. A alavanca da catraca padrão deve ser empurrada para cima para aplicar tensão à cinta.

Catraca com haste longa

A catraca com haste longa é também chamada de catraca prolongada de alta pré-tensão e em geral são ergonômicas. A força de pré-tensionamento de uma catraca prolongada será identificada na etiqueta como Stf e seu valor varia de 375 à 1.000 daN em tração direta. Valores maiores podem ser atingidos, porém medidos com o auxilio de um dispositivo indicador de tensão. A alavanca da catraca padrão deve ser empurrada para baixo para aplicar tensão à cinta.

Atenção - Conectar barras com o intuito de prolongar a alavanca da catraca, além de perigoso, é proibido, pois as catracas podem ser sobrecarregadas, danificadas e sérios acidentes podem ocorrer lesionando o usuário.

Catraca de grande capacidade de carga

As catracas de grande capacidade são dimensionadas para receber cintas de largura 75mm a 100mm e são mais largas que as cintas convencionais que possuem 50mm de largura. Esses sistemas foram projetados para amarração diagonal e não para amarração por atrito (esse tema será mais bem tratado no capítulo 13). Desta forma, a força de pré-tensão das catracas de grande capacidade é similar às forças de pré-tensão das catracas com hastes prolongadas, cerca de 600 à 750 daN.

SISTEMAS DE AMARRAÇÃO DE CARGAS

Catraca tipo guincho (fixa)

As catracas tipo guincho são fixas no veículo e possuem operação mecânica. As forças de pré-tensão das catracas desse tipo podem variar em uma grande faixa de valores e essas informações devem ser fornecidas pelos fabricantes.

Cintas

As cintas, Figura 12.2 são fabricadas com fibra sintética de nylon ou poliéster. As cintas de nylon não são especificadas para trabalhos com cargas ácidas. Já as cintas de poliéster são resistentes a alguns ácidos. As vantagens desses acessórios sobre os cabos e correntes é que elas são maleáveis e não machucam ou arranham peças sensíveis. Sempre que selecionar uma cinta leia as informações da etiqueta. Existem diversos tipos de cintas, as mais usadas são:

• Cintas com olhal normal – é uma fita provida de olhais nas extremidades com reforço do mesmo material (Figura15.4)
• Cintas com olhal torcido – é a mesma cinta com os olhais fazendo 90° com a cinta
• Cintas em forma de anel – são cintas sem fim com reforço ou não
• Cintas com catracas – possuem catracas para ajuste da tensão (Figura 12.2)
• Cintas com olhais invertidos – possuem olhais do mesmo material nas extremidades
• Cintas com anelões – possuem anelões de aço liga nas extremidades
• Cintas com fivelas – possui em uma extremidade um anelão e no outro uma fivela para usado no modo forca
• Cintas com corpo largo e com estropo duplo – são usadas em pares no balancim, no modo cesta para cargas especiais como serpentinas de trocador de calor
• Cintas de malhas de aço – são confeccionadas com malha de arame de aço muito maleável e fina. São utilizadas para serviços quentes
• Fitas de aço – são confeccionadas com em fitas de aço maleáveis e

finas. São utilizadas para serviços pesados (Figura 12.3).

Figura 12.2 - Exemplos de cintas para amarração de cargas

Figura 12.3 - Carga cintada com fita de aço

Cordas

As cordas de fibras naturais são utilizadas há milhares de anos. Diversos materiais são utilizados para a confecção de cordas tanto fibras naturais como sintéticas, a saber:

• Sisal – é uma fibra natural, suporta muito bem o trabalho sob a luz do sol. Suas características principais são: esticar pouco sob tensão e segurar o nó com facilidade; porém, necessita ser armazenada em local seco e não pode ser utilizada na amarração/movimentação de produtos químicos.

SISTEMAS DE AMARRAÇÃO DE CARGAS

- Manila (fibra oriunda das Filipinas) - é uma fibra natural, suporta muito bem o trabalho sob a luz do sol. Suas características principais são: esticar pouco sob tensão e segura o nó com facilidade, é cerca de 20% mais resistente que o sisal.
- Nylon – é uma fibra sintética, é a mais resistente de todas as cordas. Tem a característica de retornar ao tamanho original depois de esticadas, por este motivo absorvem as cargas súbitas com segurança. São resistentes aos raios do sol e contato com a maioria dos produtos químicos.
- Poliéster – possui quase a mesma resistência que as cordas de nylon, porém possui pouca elasticidade, isto é ,não absorve carga súbita.
- Polipropileno – é muito leve e por esse motivo possui a característica de flutuar. Como desvantagem, resiste menos a luz solar e sob a temperatura de 65° começa a derreter.
- Polietileno – é a mais fraca dentre as cordas de fibra sintética, porém resiste bem ao contato com produtos ácidos (exceto o ácido nítrico), aos álcalis, ao álcool e algumas soluções de branqueamento.

As cordas são muito utilizadas em um sistema de amarração de carga. As vantagens das cordas naturais em relação às sintéticas é que as naturais não derretem quando em contato com superfícies quentes. Porém, as cordas naturais, quando molhadas, perdem parte importante de sua resistência e mesmo quando secas não reassumem a resistência original.

Uso de Nós

Atualmente existe uma grande incidência do uso de "nós" na amarração de cargas. Este fator contribui para a perda de resistência da corda na ordem de 30 a 40%. Por exemplo, se a carga de ruptura de uma corda de poliéster nova de 12mm gira em torno de 1.100 kg, ao efetuar um nó e realizar o mesmo ensaio de ruptura, encontraremos uma carga de ruptura de aproximadamente 660 kg.

ATENÇÃO - Lembramos que não é a carga de ruptura que segura a carga, a carga de ruptura é aquela necessária para romper a corda.

Correntes

As correntes são acessórios fabricados com elos de aço unidos, vide Figura 12.4. A utilização de correntes só se justifica nas movimentações de carga onde existe grande abrasão e ambientes com temperatura elevada como em fundições e siderúrgicas. O problema do uso de correntes é que estas não absorvem nenhum movimento brusco, como as cargas súbitas, por não possuírem elasticidade ou flexibilidade. Quando da utilização de correntes, não é permitido encurtar a corrente por meio de nós. A corrente é projetada para trabalhar com esforços no sentido do comprimento de seus elos.

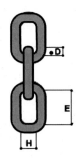

Figura 12.4 - Corrente de aço liga

Esticadores

São utilizados para ajustar partes de uma estrutura metálica, no travamento das diagonais para manter o conjunto na vertical ou com estropos para equilibrar cargas excêntricas. São fabricados com aço forjado, e por esse motivo não é permitido fazer soldas.

SISTEMAS DE AMARRAÇÃO DE CARGAS

Figura 12.5 - Esticadores de aço

Dispositivos de Canto

Os chamados dispositivos de canto (arestas) são peças padronizadas e que servem não só para movimentação, mas também para a peação do contêiner. Para a movimentação de um contêiner são utilizados os seguintes acessórios:

- Gatos especiais
- Fechos de torção (twist lock)
- Manilhas

Para movimentação ou peação os acessórios são conectados nos dispositivos de canto. A figura 12.6 seguinte mostra os acessórios mais utilizados nos dispositivos de canto de contêineres.

Figura 12.6 - Acessórios para peação/movimentação de contêiner

Twist Lock (fechos de torção)

Este dispositivo é utilizado tanto para movimentação quanto para peação de contêineres. Em navios não especializados para transportes de contêineres não devem ser empilhados mais do que três contêineres, pois os esforços são grandes e as peias não oferecerão plena segurança.

Redes
Este dispositivo era muito utilizado no transporte aquaviário para movimentar sacarias para bordo das embarcações. Com o advento do contêiner, esta caindo em desuso naquele modal, porem é um AAC muito utilizado no modal aéreo, Figura 12.7 para prender cargas no palete.

Figura 12.7 - Carga aérea travada no palete com rede

Terminais (end fittings)
São peças instaladas nas extremidades dos cabos de aço para interligá-los com outras partes ou acessórios de um sistema de movimentação de cargas. Da seleção e instalação dos terminais depende a segurança de uma operação de amarração ou movimentação de carga. Ainda que instalados corretamente, os terminais concorrem para diminuir a eficiência do conjunto.

Tipos de terminais
Os tipos mais comuns de terminais são:

SISTEMAS DE AMARRAÇÃO DE CARGAS

- Laço ou olhal
- Laço flamengo ou flemish
- Laço trançado manualmente
- Laço dobrado e prensado (menos seguro) Figura 12.8
- Soquetes forjados (mais seguros)
- Soquete chumbador
- Soquete de cunha
- Soquete prensado
- Laço com grampos simples e duplos.

Figura 12.8 - Laço com terminal prensado

INDICADORES DE TENSÃO - TFI

Os Indicadores Tensão mostram a força de pré-tensão alcançada na amarração, oferecendo assim mais segurança e economia na aplicação de sistemas de tensão. O indicador de pré-tensão possibilita a visualização da força de pré-tensão alcançada de forma segura e simples. Calcule a tensão da amarração da carga corretamente com os Indicadores de Tensão. As tensões são indicadas em três etapas:

— 250 daN
— 500 daN
— 750 daN

Como são utilizados

Uma vez calculada e dimensionada a quantidade de amarrações com catracas ergonômicas, por exemplo, onde a tensão de cada conjunto de amarração deverá atingir a força de pré-tensão de aproximadamente (em geral 250 daN, 500 daN, 750 daN e 1.000 daN), como ter a certeza de que na prática as cintas estão realmente tensionadas nesse valor?

Através da utilização de medidores de tensão, que podem ou não estarem incorporados à catraca. Os medidores de tensão incorporados às catracas são dispositivos mecânicos de aço que possuem uma escala graduada (em geral 250 daN, 500 daN, 750 daN e 1.000 daN) e um pino que se desloca nesta escala à medida que tensionamos o sistema.

Um dos grandes benefícios deste tipo de equipamento é o de permitir ao motorista e demais envolvidos no transporte a conferência da tensão residual no sistema após percorrer certa distância. É muito comum e inclusive recomendado que todo sistema de amarração seja retensionado após determinada distância percorrida, pois a carga pode se acomodar e assentar no assoalho do caminhão e também as cintas pode alongar-se. (limite máximo de 7% do comprimento total).

Campo de aplicação

Os Indicadores de Tensão são altamente duráveis e não deformam, mantendo suas características e aplicabilidade por muitos anos. Garantem a imobilização da sua carga e evitam movimentos e possíveis perdas. O controle é total ao longo da jornada e perfeitamente visível ao controlador.

Capítulo 13

TIPOS DE CONTENÇÕES DE CARGAS

Toda carga deve ser amarrada ou travada. A amarração da carga deve ser feita para as condições normais de viagem. Porém a condição normal de viagem não deve ser entendida como de uma viagem tranqüila, com direção controlada e com velocidades adequadas; também inclui frenagens bruscas, mudanças repentinas de direção, quebra-molas e más condições de conservação das estradas, ruas e avenidas.

As principais forças atuantes em uma determinada carga
As seguintes forças podem ocorrer em viagens normais e corriqueiras:
• O peso - é a força pela qual um corpo é atraído pela Terra verticalmente ao solo. Esse componente é importante, pois a força de atrito é diretamente proporcional ao mesmo.
• A força de massa - também chamada de inércia ou força centrífuga é a força que neutraliza a mudança de estado de movimento.
• A força de atrito - tem um papel primordial na fixação da carga. Atua entre a carga e a superfície de carregamento, impedindo o movimento. Quanto maior o coeficiente de atrito maior capacidade de evitar o deslizamento.

PRINCIPAIS TIPOS DE AMARRAÇÃO

Com o avanço da tecnologia de transporte de cargas, o estudo das forças incidentes no transporte evoluiu. Constatou-se que um procedimento de amarração de cargas envolve conceitos da física tais como: o peso da carga, o coeficiente de atrito entre as superfícies em contato, o ângulo de inclinação entre o equipamento de amarração e o assoalho do caminhão e a força aplicada na carga, que ao final garantirá a sua imobilidade durante o transporte. Outra lei da física aplicada às cargas é a inércia que nada mais é que a tendência natural dos corpos de se manter em equilíbrio no estado de repouso. Porém, esse equilíbrio pode ser alterado por uma ação externa ao corpo, e é justamente neste ponto que o almoxarife deve agir, isto é, interferindo pelo uso de elementos restritivos, de maneira a garantir que a carga se mantenha em equilíbrio evitando o deslizamento ou tombamento da mesma.

O deslizamento pode ocorrer quando há falta de aderência da carga com a superfície do veiculo transportador. Já o tombamento pode acontecer devido à falta de estabilidade das cargas que têm o centro de gravidade alto. Na prática, vemos que a maioria das cargas é amarrada na forma "vertical" ou "por atrito". Os tipos de amarração de cargas mais utilizados são:

- Amarração por atrito
- Envolvente
- Direta
- Diagonal
- Inclinada

Amarração por atrito
A amarração por atrito, um método associado à força de compressão, está amplamente disseminada, porém sem o respaldo técnico necessário para garantir a estabilidade e imobilidade da carga durante o transporte. A amarração por atrito (ou para baixo) se realiza através do uso de cintas, correntes ou cabos de amarração, que são tensionadas sobre a carga. Através da força de pré-tensionamento, as cintas de amarração atuam verticalmente em relação à carga e a superfície de carregamento, produzindo força de compressão e aumento do atrito, de modo que as forças atuantes durante o transporte não consigam mover a carga. A força de pré-tensionamento aplicada deverá ser mensurada através de um dispositivo medidor de tensão, uma vez que a norma EN 12.195-2 recomenda um máximo

SISTEMAS DE AMARRAÇÃO DE CARGAS

de 50% da força de tração admissível (LC) na forma de força de pré-tensionamento.

A amarração com cordas é um dos tipos mais utilizados pelos transportadores brasileiros. Cordas são vendidas sem qualquer tipo de identificação de fabricante, diâmetro e resistência. A maioria dos usuários busca somente preços baixos e com esse fator a qualidade cai consideravelmente e reflete no desempenho do produto durante o transporte. A corda de poliéster lidera o ranking das mais vendidas; porém, ela apresenta elevado alongamento quando carregada, fator muito ruim para a amarração de cargas.

Figura 13.1 - Amarração por atrito

A grande incidência de "nós" nas cordas em um procedimento de amarração de cargas é um fator de contribui para uma perda de resistência da ordem de 30 a 40%. Por exemplo, se a carga de ruptura de uma corda de poliéster nova de 12 mm gira em torno de 1.100 kg, ao efetuar um nó e realizar o mesmo ensaio de ruptura, encontraremos uma carga de ruptura de aproximadamente 660 kg, portanto, muito baixa. Mas não é a carga de ruptura que segura a carga.

Amarração Envolvente – tying-down
Como já citado, a força de atrito é proporcional ao peso da carga e ao coeficiente de atrito μ. Como μ é constante (depende do tipo de material), para aumentarmos a capacidade de contenção de uma carga só nos resta aumentar o peso. É dessa forma que aumenta-

mos o atrito de uma carga, isto é, forçando a carga contra o lastro do equipamento transportador. Um exemplo de amarração envolvente é apresentado na figura 13.2.

Figura 13.2 - amarração envolvente

Amarração Direta

Um dos tipos de amarração mais usual é a Amarração Direta. A Amarração Direta figura 13.3, consiste em fixar a carga diretamente ao veículo de transporte.

Esse tipo de amarração constitui na conexão direta da carga ao veículo transportador, e assim acontece a fixação da carga por meio de cordas, cabos, cintas ou correntes.

Figura 13.3 - Bobinas amarradas diretamente ao dispositivo de transporte

SISTEMAS DE AMARRAÇÃO DE CARGAS

Amarração Diagonal

Neste tipo de amarração, podemos reduzir a quantidade de amarrações de 8 para 4, devido à adição do ângulo longitudinal β e do ângulo transversal α, ao ângulo vertical.

Com a ajuda da Amarração Diagonal, é possível fixar a maioria das cargas pesadas. Com esse método, os pontos de amarração são posicionados na superfície do assoalho do caminhão e na própria carga. Os conjuntos de amarração (cintas, cabos de aço ou correntes) ficam conectados entre esses pontos de amarração e, em contraste com a Amarração por Atrito, são levemente tensionados e esticados por meio do aperto manual.

Nesse caso, o fato de uma carga ficar fixada de forma suficiente dependerá, em sua maioria, da capacidade de carga (LC) dos conjuntos de amarração utilizados.

As forças de fixação exigidas resultam do escorregamento da carga durante a viagem. Uma vez que a amarração absorve diretamente as forças produzidas pelos movimentos do veículo (acelerações, desacelerações e forças centrífugas), usa-se como base de cálculo a tensão permitida dos equipamentos utilizados (cintas, cabos de aço ou correntes).

Figura 13.4 - Amarração diagonal em contêineres

Amarração Inclinada

Este tipo de amarração é efetuado com a conexão direta da carga ao veículo assim como na carga por meio de Amarração Inclinada (longitudinal e/ou transversal).

Neste tipo de amarração, como podemos ver na ilustração 13.4 abaixo, a possibilidade de deslocamento da carga é bloqueada no sentido longitudinal ou transversal. Analisando o bloqueio no sentido longitudinal, existe a possibilidade da carga mover-se em curvas no sentido transversal e vice-versa.

Desta forma, a Amarração Inclinada é totalmente eficaz quando utilizamos 8 conjuntos de amarração, sendo 4 no longitudinal e 4 no transversal, o que em muitas situações é considerado trabalhoso e de alto custo.

Figura 13.4 - Equipamento contido com amarração inclinada

EXERCÍCIO

01) Calcular a força restritiva do atrito para uma determinada carga que pesa 1000 kg e esta acondicionada em uma embalagem de madeira, e que está sendo transportada por um veículo com o assoalho de madeira.
Dados:
μ = 0,40 (coeficiente para madeira caixa x madeira piso)

SISTEMAS DE AMARRAÇÃO DE CARGAS

Peso = 1000 kg

$Fa = \mu*P$

Fa = 1000 x 0,40 = 400 kg

Isto é, para uma carga de 1000 kg acondicionada em embalagem de madeira, sendo transportada em um veículo com piso de madeira.

PARTE V

SISTEMAS DE ELEVAÇÃO E MOVIMENTAÇÃO DE CARGAS

SISTEMAS DE ELEVAÇÃO E MOVIMENTAÇÃO DE CARGAS

Tão antigo quanto a história do homem é a história dos sistemas de elevação de carga. Historiadores estão reescrevendo os livros de história, pois se acreditava até pouco tempo que as mega máquinas de elevação de carga eram inovações do século XX; porém, achados arqueológicos recentes retratam grandes máquinas apoiando a construção das grandes estruturas da Grécia do tempo de Arquimedes. Atribui-se a esse grande inventor da antiguidade a criação da alavanca e da roldana simples e a composta. Essas peças são fundamentais em qualquer sistema de elevação de carga.

Outra invenção que ajudou no desenvolvimento dos guindastes foi o Cabrestante, uma espécie de sarilho de eixo vertical aonde as cordas vão sendo enrolado e muito utilizado em navios para auxiliar no içamento de âncoras.

Acredita-se hoje que umas das primeiras grandes movimentações de carga no sentido vertical foram os dois sarcófagos talhados em granito encontrados em Corinto, que pesam cerca de 3 toneladas cada um. Já uma das primeiras grandes obras da antiguidade que utilizou um guindaste na sua construção foi o Paternon o templo de Atena, edificado no século V a.C. na Acrópole de Atena por Fídias. Pelos cálculos realizados por estudiosos chegou-se ao seguinte dado: que a cada quinze minutos uma pedra era elevada até o ponto definitivo, já que a obra durou cerca de dez anos para ser concluída.

Os Romanos, durante sua política expansionista, necessitavam impressionar o mundo, e para tal, utilizaram o artifício de construir grandes obras; porém, eles não tinham o tempo que os Egípcios tiveram nas suas grandes obras, e dessa forma aperfeiçoaram os guindastes que auxiliaram na construção, por exemplo, a coluna de Trajano, um monumento com trinta metros de altura e tendo cada bloco o peso de cerca de 40 toneladas. Esse monumento possui uma escada interna ao longo de toda a coluna.

Outra grande obra do passado que provavelmente teve o auxilio de guindaste foi a construção do farol de Alexandria em 300 a.C. na dinastia de Ptolomeu I.

Capítulo 14

PRINCÍPIOS DA MOVIMENTAÇÃO DE CARGAS

Os profissionais mais importantes nas operações de cargas são o operador do equipamento de movimentação e o rigger. Tanto o operador quanto o rigger, devem ter experiência em operações de movimentação de cargas e serem capacitados através de cursos profissionalizantes e treinamentos teóricos e práticos.

Equipamentos de elevação e transporte
São considerados equipamentos de elevação e movimentação de cargas, os equipamentos que levantam e movimentam para outros locais, materiais diversos. Entre esses equipamentos, destacam-se na atualidade os elevadores de carga, guindastes, empilhadeiras, monta-cargas, pontes-rolantes, talhas, guinchos, gruas, caminhões simples e tipo munck, etc.

As operações de Movimentação de Carga necessitam sempre de um planejamento minucioso e uma avaliação dos riscos envolvidos. Uma série de questões devem ser verificadas em um check-list antes de qualquer operação de movimentação de carga. O checklist deve conter no mínimo as seguintes questões:

- Confirmar o peso da carga a ser içada
- Verificar a capacidade dos acessórios e equipamento de içamento
- Verificar o ângulo dos estropos e como foram especificados
- Necessidade de proteger os estropos e cintas de cantos vivos
- Verificar se o centro de gravidade vai ficar na linha de içamento
- Se foi especificado uma *tag line* amarrada à carga
- Se a equipe já realizou uma operação igual ou similar
- Se a equipe conhece os acessórios e equipamentos que vão ser utilizados
- Há procedimentos escritos para movimentação de carga
- Verificar se a carga está livre, solta e sem travamentos

MANUAL DO ALMOXARIFE

• Verificar a área de trabalho para confirmar se a operação será realizada em área livre de fiação, postes ou outras interferências que possam provocar acidentes
• A carga tem pontos apropriados para instalar estropos
• O solo onde estará o equipamento de movimentação suportará o peso da carga somados ao do equipamento.

Caso seja observado no checklist uma questão com resposta negativa, a operação não deve ser realizada até que seja sanado o problema.

Movimentação por içamento

A aplicação dos princípios da movimentação de cargas é fundamental para o controle, a eficiência, a confiabilidade e a segurança dessa importante operação que normalmente apresenta grande potencial de risco.

Abordaremos neste capítulo as melhores práticas da movimentação de cargas. Estas práticas serão baseadas em normas e procedimentos e que devem ser rigorosamente adotados, cumpridos e fiscalizados, antes, durante e após as operações de movimentação de cargas, sempre priorizando a segurança.

Os AMC (vide cap.15) e os EMC (vide cap.16) devem ser utilizados dentro dos princípios da conformidade técnica em relação às necessidades das operações. Quando da movimentação de cargas o profissional de logística deve seguir, no mínimo as seguintes orientações:

• As operações de movimentação de cargas por içamento e remoção, devem ser precedidas de um planejamento que vise, prioritariamente, as condições gerais de segurança.
• Cada AMC e EMC devem possuir um prontuário técnico para o registro de informações relevantes para o controle da vida útil dos mesmos.

SISTEMAS DE ELEVAÇÃO E MOVIMENTAÇÃO DE CARGAS

- Os AMC e os EMC devem ser dimensionados por profissional comprovadamente qualificado, de tal forma que seja garantida a segurança das operações.
- Os AMC e os EMC devem ter a sua qualidade comprovada através de certificados de qualidade emitidos pelo fabricante homologado ou fornecedor autorizado.
- Os AMC e os EMC devem ser submetidos, periodicamente, a um Plano de Inspeção e Manutenção Preventiva, desenvolvido e realizado por profissional competente, apresentando sempre as condições perfeitas de utilização para os fins aos quais se destinam, garantindo a confiabilidade e a segurança das operações.
- As empresas devem cumprir, e fazer cumprir, as normas pertinentes ao assunto, editadas pelo Ministério do Trabalho e Emprego (NR 11, 12 e 26), ABNT, ANSI/ASME B 30.5, entre outras.
- O ambiente das operações de movimentação de materiais por içamento deve apresentar as condições mínimas para o deslocamento seguro e eficiente das cargas em todos os sentidos da sua movimentação.
- O conceito da "Linha do Equilíbrio" deve ser considerado e aplicado por ocasião da amarração das cargas a ser içada, como fator essencial para a sua estabilidade, equilíbrio e segurança durante os deslocamentos.
- As cargas a serem içadas devem ter o seu equilíbrio testado antes de serem definitivamente içadas e deslocadas, que deve ser realizado lentamente e mediante a atenta observação do operador do equipamento de içamento e do sinaleiro das operações.
- Os EMC devem possuir dispositivos de limitação automática dos movimentos de içamento e abaixamento da carga e dos movimentos de translação, especificamente as pontes rolantes e os pórticos.
- As operações de movimentação de materiais por içamento devem ser orientadas, quando necessário, por sinalização gestual convencional, emitida apenas por um sinaleiro devidamente identificado e habilitado para essa função.
- Os EMC devem possuir sinal de advertência sonora, que deve ser acionado pelo operador sempre que necessário, visando alertar as

pessoas sobre o deslocamento das cargas.

• Os EMC devem possuir inscrição legível e facilmente compreensível, referente à sua capacidade máxima de carga, evitando interpretações equivocadas por parte do operador.

• Os EMC devem possuir identificação relativa à sua capacidade nominal de carga, já com o fator de segurança embutido.

• Tanto os operadores dos EMC como os sinaleiros de cargas, devem receber treinamento específico que os qualifiquem e habilitem para o exercício destas funções e ser reciclados anualmente, bem como as suas condições de saúde física e psicológica.

Estudo de Carga

É o planejamento de movimentação de carga. Acidentes, como a queda de um material a ser içado por guindaste, pode ser evitado com a utilização de projeto de estudo de carga, sendo para tal, calculados o peso da peça, as tensões nos cabos, tensões adicionais nas soldas do material a ser içado que são submetidas a esforços durante a movimentação, não usuais quando apenas em trabalho estático, e os ângulos máximos permitidos para sustentar a peça.

Para executar um estudo de carga é necessário observar os seguintes parâmetros:

• C.G. (centro de gravidade)
• Peso da carga
• Braço de alavanca
• Momento de carga
• Tabelas de Carga (vide anexos 4 a 8) - consulta, escolha do guindaste
• Matemática: Área, volume, peso, seno, cosseno, tangente, conversões
• Cabos de Aço - especificações, passadas de cabo de aço
• Amarração de lingadas
• Acessórios - uso de extensor, contrapeso
• Planejamento c/ Guindaste - cálculos de balancim, força na sapata

SISTEMAS DE ELEVAÇÃO E MOVIMENTAÇÃO DE CARGAS

e cálculos de operação com dois guindastes simultâneos.

Carga limite de trabalho

Todos os equipamentos destinados a movimentação de carga são fabricados dentro de normas e padrões internacionais. Nenhum equipamento deve ser utilizado sem que tenha um Certificado do fabricante e que esse seja homologado por uma instituição legal, por exemplo, o INMETRO. Esse Certificado deve ser conferido e arquivado. Todos os equipamentos e acessórios são fabricados com um **fator de segurança**, específico para o tipo de serviço a que se destinam.

Utilização de Equipamentos e Acessórios fora de sua finalidade

Existe uma tendência de se utilizar equipamentos e acessórios fora da finalidade a que se destinam. Caso ocorra um acidente, o fabricante do dispositivo/equipamento estará isento de qualquer culpa ou responsabilidade. É muito importante que os acessórios e equipamentos, quando em utilização, sejam compatíveis uns com os outros.

Cargas Súbitas

Toda movimentação de carga está sujeita aos efeitos dinâmicos que surgem com o movimento da carga. Esses efeitos são criados pela aceleração e desaceleração brusca. Para contornar esse, efeito a velocidade de içamento ou de descida da carga deve ser aumentada ou reduzida gradualmente. Uma puxada brusca ou uma parada súbita causam um aumento do esforço ou tensão no cabo, corda ou corrente. Esse aumento de esforço pode chegar ao valor da carga.

Planejamento da movimentação de materiais

Este planejamento é fundamental para o controle, a eficiência, a confiabilidade e a segurança dessas operações que apresentam grande potencial de risco. Dessa forma, quando se movimentam materiais, através de pontes rolantes, empilhadeiras, pórticos, guindastes e gruas, deve ser elaborado um planejamento sistemático, operação,

que contemple os elementos básicos envolvidos nas mesmas, ou seja:
- O equipamento
- A operação
- O operador
- O sinaleiro
- Os acessórios de amarração de cargas
- As técnicas de amarração
- As cargas
- O ambiente (Arranjo físico/layout, ventos, etc.).

Centro de Gravidade

Nas operações de movimentação de carga é fundamental a determinação do peso de um corpo. O peso de um corpo é a força gravitacional que a terra atrai esse corpo e o ponto de aplicação dessa força é o Centro de Gravidade ou simplesmente CG do corpo. Podemos dizer ainda que o CG de um corpo seja o ponto onde supomos que todo o peso está concentrado, assim quando um corpo é suspenso pelo seu CG, ele fica em equilíbrio.

Centro de gravidade de um corpo de formato regular (simétrico)
Em um corpo simétrico o CG coincide com o centro geométrico desse corpo exemplo as figuras 14.1 e 14.2.

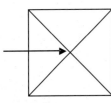
Figura 14.1

Figura 14.2

Equilíbrio de um corpo suspenso
Quando um corpo está suspenso, no mínimo duas forças estão atu-

SISTEMAS DE ELEVAÇÃO E MOVIMENTAÇÃO DE CARGAS

ando sobre ele: a força que sustenta o corpo (F) que é o esforço do cabo de sustentação e o peso (P) que é a resultante da força da gravidade sobre o corpo. Quando um corpo suspenso é deslocado de sua posição de equilíbrio, a tendência é que ele volte à posição de equilíbrio estável. Isso ocorre porque as duas forças F e P procurarão se alinhar. No caso de uma operação de içamento de uma carga com o uso de guindaste, as direções das linhas dos moitões, que sustentam o gancho e a carga, vão procurar sempre se alinhar com o CG dessa carga.

Por isto é importante que se conheça o CG de peças que serão içadas, pois a tendência de corpos em estado instável é de retornar a sua posição de equilíbrio, e às vezes esse retorno é de forma brusca, provocando tensões excessivas nos estropos, e esses podendo vir a se romper e provocar acidentes.

PRINCIPAIS TIPOS DE PEGA

Os tipos de pega de material mais utilizados são:

- Cesta
- Forca
- Lingada

Cesta (basket)
É a pegada em que os estropos passam em volta da carga e os laços são presos no gancho. Não é recomendado o tipo de pega simples em peças que possam rolar ou deslizar e escapar dos estropos.

Figura 14.3 - Içamento de peça com pega tipo cesta

Cesta em duas voltas

É o tipo de pega com os estropos dando uma volta completa na peça e os laços são presos no gancho. Esse sistema é bom para pega de feixes de tubos de pequeno diâmetro, pois os estropos ficam em contato direto e aproxima as peças, mantendo o feixe unido.

Figura 14.4 - Cesta com duas voltas

Forca (choker)

Este tipo de pega o estropo envolve a peça, passando por uma manilha, com o outro laço preso no gancho. Dessa forma é feita uma forca em volta da peça. Nesse tipo de pega a carga sofre um grande aperto que é proporcional ao peso da peça. Esse tipo de pega não é tão seguro quanto o tipo cesta em duas voltas pois o estropo não

173
SISTEMAS DE ELEVAÇÃO E MOVIMENTAÇÃO DE CARGAS

fica 100% em contato com a peça.

Figura 14.5 - Vaso sendo erguido enforcado com cinta tubular de nylon

Figura 14.6 - Tubulação sendo erguida utilizando forca simples

Forca Dupla
Este tipo de pega é mutio bom para ser utilizado em feixes de tubos.

Figura 14.7 - Forca dupla

Figura 14.8 - Forca dupla em feixe de tubo

Lingada (hitch) ou Eslingas

A pega utilizando a eslinga é a que utiliza um conjunto de estropos, unidos por um anelão ou por uma manilha. Esse acessório nunca deve ser deixado no solo, na chuva ou arrastados.

Figura 14.9 - Elevação de motor utilizando uma lingada de quatro pernas

As lingadas devem ser utilizadas diretamente na carga e como os comprimentos dos estropos são praticamente iguais, esse acessório permite um controle muito bom sobre a carga e a estabilidade do conjunto. Se o gancho estiver diretamente sobre o centro de gravidade a carga será dividida igualmente entre os estropos. As eslingas podem ser confeccionadas em cintas de nylon, cabos de aço ou correntes.

Capítulo 15

ACESSÓRIOS PARA MOVIMENTAÇÃO DE CARGAS - AMC

É qualquer mecanismo que tenha condições para movimentar uma carga. Os acessórios para movimentação de carga mais usuais são:

- Alavancas
- Cabos de aço
- Roldanas
- Patescas e Catarinas
- Moitões
- Cordas
- Cintas
- Correntes
- Estropos e lingadas
- Balancins
- Ganchos
- Esticadores
- Manilhas
- Anelões
- Tornel ou distorcedor
- Olhais

Alavanca

É uma das máquinas mais elementares, são máquinas simples que estamos sempre usando e nem sempre lhes damos a devida importância. Vamos iniciar o estudo do sistema de alavanca pela balança. Na Figura 15.1 temos uma barra rígida AB apoiada sobre um ponto, em C. as cargas estão colocadas na extremidade e a barra rígida AB está atuando como uma balança.

A   C   B

Figura 15.1

Cabos de aço e terminais
Vide capítulo 12.

Roldanas
As superfícies das roldanas devem ser lisas e livres de defeitos que possam causar danos aos cabos. Roldanas utilizadas em cabos devem ser providas de protetores ou guias ou outros dispositivos apropriados para guiar o cabo de volta para a ranhura quando a carga for aplicada.

Patesca (snatch block) e Catarina
A Patesca, Figura 15.2 é uma polia instalada numa armação de chapa de aço com uma trava que permiti o cabo de aço possa ser encaixado no sulco da polia. Já a Catarina, Figura 15.3 é uma polia instalada numa armação de chapa de aço, que gira em um eixo.

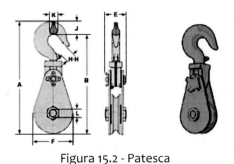

Figura 15.2 - Patesca

SISTEMAS DE ELEVAÇÃO E MOVIMENTAÇÃO DE CARGAS

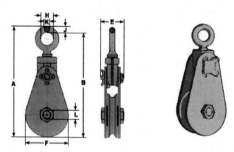

Figura 15.3 - Catarina

Esses dois acessórios permitem aumentar em muitas vezes a força aplicada em um cabo de aço.

Moitão
É um conjunto de múltiplas roldanas, separadas por chapas de aço, ligadas por barras de aço nas laterais e com um eixo central. As vantagens do uso dos moitões é a de permitir a movimentação de cargas com peso bem acima do que um único cabo de aço teria condições de suportar com segurança (SWL).

Cordas
Vide capítulo 12.

Cintas
As cintas, figura 15.4 são fabricadas com fibra sintética de nylon ou poliéster. As cintas de nylon não são especificadas para trabalhos em ácidas. Já as cintas de poliéster são resistentes a alguns ácidos. As vantagens desses acessórios sobre os cabos e correntes é que elas são maleáveis e não machucam ou arranham peças sensíveis. Sempre que selecionar uma cinta leia as informações da etiqueta.

Figura 15.4 - Exemplos de cintas

Correntes
Vide capítulo 12.

Estropo e Lingada
O estropo, Figura 15.5 são dispositivos que servem para movimentação de carga, e são confeccionados com cordas, cabos de aço, cintas ou correntes.

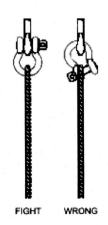

Figura 15.5 - Estropo

SISTEMAS DE ELEVAÇÃO E MOVIMENTAÇÃO DE CARGAS

Já a lingada, Figura 15.6 é um conjunto de estropos, unidos por um anelão ou por uma manilha, para ser usado em uma operação de içamento ou movimentação de carga.

Figura 15.6 - Lingada de cinta

Figura 15.7 - Lingada de cabo

Balancim

Também conhecidos por spreader bar, para os mais leves e spreader beams, quando são mais elaborados. São também utilizadas estruturas mais complexas conhecidas por lifting frames. Os balancins, Figura 15.8 melhoram o posicionamento dos pontos de pega dos estropos e evitam que a carga tenha tendência ao tombamento ou sofrer flexão. Todo balancim deve ser projetado segundo a ASME B 30.20 ou equivalente e ter marcado no corpo a sua capacidade de carga – SWL, em local visível.

Figura 15.8 - Balancim com estropo duplo

Ganchos

Os ganchos (hooks) são fabricados em aço forjado e devem ter a capacidade de carga – SWL estampada no corpo. Existem ganchos com olhal, Figura 15.9, com canal, com olhal giratório e com garra e pino removível.

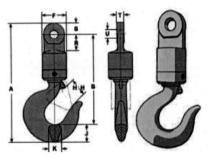

Figura 15.9 - Gancho com olhal

Esticadores

São utilizados para ajustar partes de uma estrutura metálica, no travamento das diagonais para manter o conjunto na vertical ou com estropos para equilibrar cargas excêntricas. São fabricados com aço forjado, e por esse motivo não é permitido fazer soldas.

SISTEMAS DE ELEVAÇÃO E MOVIMENTAÇÃO DE CARGAS

Figura 15.10 - Esticadores de aço

Manilhas *(shackles)*

As manilhas mais comuns são do tipo âncora e tipo U. As manilhas mais utilizadas são as do tipo âncora por possibilitarem a utilização de estropos. Já as manilhas tipo U só devem ser utilizadas como elos de uma corrente, ou seja, tracionadas em apenas uma direção. As manilhas devem ser especificadas pelo diâmetro da parte curva e não pelo diâmetro do pino.

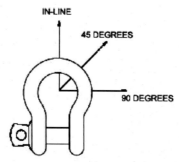

Figura 15.11- Manilha tipo âncora

Anelão

Elos de sustentação (links) ou Anéis de içamento (lifting rings) são bastante úteis na formação de lingadas, com vários estropos ou diretamente nos ganchos ou manilhas. Devem ser confeccionados em aço liga forjado.

Figura 15.12 - Anelão

Tornel ou Destorcedor

É um acessório que pode substituir o anel de içamento com a vantagem de poder girar em torno do próprio eixo. Essa facilidade ajuda a manter a carga na posição, sem girar conforme mostrado na Figura 15.13.

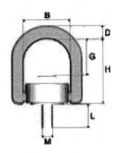

Figura 15.13 - Anel destorcedor

Olhal

São utilizados basicamente quatro tipos de olhal, a saber:

- Com encosto
- Sem encosto
- Parafuso giratório
- Especial para máquinas.

O olhal sem encosto só deve ser utilizado para içamento de cargas

SISTEMAS DE ELEVAÇÃO E MOVIMENTAÇÃO DE CARGAS

verticais. O olhal com encosto e o tipo especial para máquinas são os mais utilizados pois podem ser usados com cargas angulares até o máximo de 45°. Já o olhal de parafuso giratório pode girar no próprio eixo vertical e inclinar (pivotar) para o ângulo necessário.

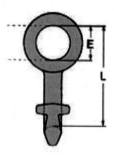

Figura 15.14 - Olhal

Capítulo 16

EQUIPAMENTOS PARA MOVIMENTAÇÃO DE CARGAS - EMC

É qualquer mecanismo que tenha condições para movimentar uma carga, podem ter motorização própria ou não. Os equipamentos para movimentação de carga mais usuais são:

- Carro prancha
- Talha
- Pórticos (fixo e móvel)
- Empilhadeira
- Ponte rolante
- Caminhão
- Guindaste em geral

Carro prancha

São equipamentos utilizados para movimentação de cargas na horizontal por serem muito versáteis e de baixo custo. Os dois tipos de carros pranchas mais comuns são: os de pneu duro e pneu com câmara onde a movimentação é feitas por meio de tração humana.

Talha (tackle)

São equipamentos utilizados para elevação de cargas por serem muito versáteis. Os tipos de talhas mais comuns são: talhas manuais (com alavanca e sem alavanca), eletricas e pneumáticas onde a movimentação é feita por meio de polias dentadas. Na Figura 16.1 abaixo, vemos exemplos de talhas sem alavanca.

Figura 16.1 - Talhas manuais e elétricas

Recomendações básicas para trabalhos com talhas em geral
- A capacidade de carga das talhas deve estar claramente posicionada no corpo da talha, bem como o trilho também deve ter assinalada sua capacidade de carga
- As talhas devem estar seguramente presas aos seus suportes através de travas ou manilhas
- Talhas podem ser sustentadas em estrutura rígida (trilhos) ou por ganchos. Quando suspensas por ganchos, esses devem ser providos com trava que não permitam o escape da talha
- As talhas elétricas devem ser providas com limite de fim de curso que não permita ao cabo de aço enrolar no tambor e romper-se
- Os trilhos por onde correm as talhas devem ter batente de fim de curso para evitar a queda da talha
- O tambor das talhas com entalhe simples para acomodação do cabo deve ser livre de projeções que possam danificar o cabo
- Só utilizar talhas que apresentem cabos, correntes, ganchos e demais componentes em adequadas condições de uso
- Manter mãos e dedos distantes de pontos de pinçamento
- Não permanecer sob cargas suspensas.

Recomendações básicas para trabalhos com talhas Elétricas
- O botão de subida da talha deve ser projetado de forma que requeira permanente pressão para levantar ou abaixar a carga.
- O cabo elétrico da caixa de comando deve ser sustentado por um

SISTEMAS DE ELEVAÇÃO E MOVIMENTAÇÃO DE CARGAS

cabo ou corrente paralela, protegendo o cabo de possíveis esforços e danificações.

• A talha deve ser aterrada de maneira a evitar possível choque elétrico no operador em caso de falha do circuito.

• Um mínimo de duas voltas de cabo deve permanecer no tambor quando o bloco do gancho estiver no piso mais baixo do edifício onde a talha opera.

Recomendações básicas para trabalhos com talhas Pneumáticas

• Talhas pneumáticas acionadas por pistão devem ter porca do tipo castelo cupilhada para segurar o pistão.

• Quando acionadas por pistão, um grampo em U deve ser usado para prevenir que o gancho escape do suporte do pistão.

Recomendações básicas para trabalhos com talhas manuais

• As talhas manuais podem ser portáteis para uso em serviços de montagem ou manutenção. É recomendável que sejam de corrente em função da sua resistência.

• Devem ser equipadas com freio de carga mecânico que permita controlar a velocidade de subida e descida da carga.

Pórtico (fixo e móvel)

Condições Gerais

Os seguintes procedimentos, além de todos os requisitos regulamentares, devem ser cumpridos por todas as empresas que utilizam pórticos.

Proteções Mecânicas

Correias, engrenagens, eixos, polias, fuso, tambores, volantes, correntes, cabos de energia e outras partes móveis de equipamentos deverão ser protegidos quando expostos ao contato com operadores ou quando constituírem um perigo. As proteções deverão ser firmemente presas e capazes de suportar sem distorção permanente o peso de uma pessoa de 90 Kg a não ser que a proteção esteja localizada em lugar onde seja impossível de ser pisada.

Figura 16.2 - Pórtico fixo

Freios
Cada unidade será equipada com um sistema de freios para evitar excesso de velocidade, além do freio de retenção. Freios de retenção em pórticos deverão ser aplicados automaticamente quando a energia é retirada. Quando necessário, os freios deverão ser providos com um meio de ajuste para compensar desgaste.

O sistema de controle de energia regenerativo, dinâmico, contratorque, ou o sistema mecânico, deverão ser capazes de manter velocidades seguras de descida das cargas nominais. O sistema de controle de freio deverá ter ampla capacidade térmica para a freqüência de operação exigida pelo serviço.

Empilhadeira
Condições Gerais
Os seguintes procedimentos, além de todos os requisitos regulamentares, devem ser cumpridos por todas as empresas que utilizam empilhadeiras.

Proteções Mecânicas
Correias, engrenagens, eixos, polias, fuso, tambores, volantes, cor-

SISTEMAS DE ELEVAÇÃO E MOVIMENTAÇÃO DE CARGAS

rentes, e outras partes móveis de equipamentos deverão ser protegidas quando expostos ao contato com operadores ou quando constituírem um perigo. As proteções deverão ser firmemente presas.

Motores de Combustão Interna
Sempre que os motores de combustão interna lançarem sua descarga em espaços confinados, ventilação positiva deverá ser instalada para cuidar da retirada dos gases. Adicionalmente, serão realizados e registrados testes para assegurar a inexistência de concentrações prejudiciais de gases tóxicos ou ambientes com insuficiência de oxigênio.

Todos os escapamentos deverão ser protegidos ou isolados onde possa haver contato com os colaboradores no desenrolar de suas atividades normais.

As mangueiras de reabastecimento de combustível deverão ser colocadas em posições adequadas, ou protegidas de forma a não permitir que qualquer vazamento ou derramamento ocorra próximo aos componentes elétricos das máquinas que estão sendo abastecidas. Os equipamentos não devem ser reabastecidos com o motor ligado.

Freios
Cada unidade será equipada com um sistema de freios para evitar excesso de velocidade, além do freio de retenção. Freios de retenção em empilhadeiras deverão ser aplicados automaticamente quando a energia é retirada. Quando necessário, os freios deverão ser providos com um meio de ajuste para compensar desgaste.

O sistema de controle de energia regenerativo, dinâmico, contratorque, ou o sistema mecânico, deverão ser capazes de manter velocidades seguras de descida das cargas nominais. O sistema de controle de freio deverá ter ampla capacidade térmica para a freqüência de operação exigida pelo serviço.

Figura 16.3 - Empilhilhadeira de 7 ton.

Ponte Rolante e Monovia

São equipamentos de movimentação e elevação de cargas (que percorrem determinados trechos retos sobre trilhos) e são classificados também como guindastes. Para essa categoria existem também as monovias.

Figura 16.4 - Ponte rolante

SISTEMAS DE ELEVAÇÃO E MOVIMENTAÇÃO DE CARGAS

Figura 16.5 - Monovia

Pontes rolantes e monovias elétricas
As pontes rolantes e monovias devem ser classificadas, projetadas e fabricadas de acordo com as normas:

- NBR 8400
- NBR 9867
- NBR 9974.

Esses equipamentos de movimentação de cargas encontram-se disponíveis com diversos sistemas operacionais, por exemplo:

- Sistemas com velocidades comutáveis, graduáveis ou micro
- Dispositivos de segurança contra sobrecarga
- Células de carga
- Dispositivos especiais de pega
- Dispositivos sonoros
- Controle remoto.

Proteções Mecânicas
Correias, engrenagens, eixos, polias, dentes de roda, fuso, tambores, volantes, correntes, e outras partes móveis de equipamentos deverão ser protegidas quando expostos ao contato com operadores ou quando constituírem um perigo. As proteções deverão ser firmemente presas e capazes de suportar sem distorção permanente o peso de uma pessoa de 90 Kg a não ser que a proteção es-

teja localizada em lugar onde seja impossível de ser pisada.

Freios
Cada unidade será equipada com um sistema de freios para evitar excesso de velocidade, além do freio de retenção. Freios de retenção em pontes rolantes e monovias deverão ser aplicados automaticamente quando a energia é retirada. Quando necessário, os freios deverão ser providos com um meio de ajuste para compensar desgaste.

O sistema de controle de energia regenerativo, dinâmico, contratorque, ou o sistema mecânico, deverão ser capazes de manter velocidades seguras de descida das cargas nominais. O sistema de controle de freio deverá ter ampla capacidade térmica para a freqüência de operação exigida pelo serviço.

Caminhão
Atualmente é o equipamento de movimentação de carga mais conhecido. Existem diversos tipos de caminhões para movimentação de carga, isto é:

- Caminhão de carga geral
- Caminhão para carga liquida
- Caminhão graneleiro
- Caminhão para cargas indivisíveis
- Demais caminhões

Guindaste em geral
É uma máquina usada para erguer, movimentar e baixar materiais pesados. Um guindaste é basicamente constituído de uma torre equipada com cabos e roldanas e é amplamente utilizado na construção civil e na indústria de equipamentos pesados. Na construção civil os guindastes são habitualmente estruturas tem-

SISTEMAS DE ELEVAÇÃO E MOVIMENTAÇÃO DE CARGAS

porárias fixadas ao chão ou montadas em um veículo especialmente concebido para isto. Há muitos tipos de guindastes os fixos e os móveis (montados sobre pneus ou esteiras).

Proteção para Cabos de Içamento
Se os cabos de içamento correm perto de outras partes do equipamento onde possa haver atrito, devem existir proteções que evitem essa possibilidade. Deve haver também proteção para impedir o contato entre a ponte de condutores e o cabo de içamento se houver a possibilidade de um entrar em contato com o outro.

Equipamento de Içamento

1º Roldanas
As superfícies das roldanas devem ser lisas e livres de defeitos que possam causar danos aos cabos. Roldanas que levam cabos que podem ser temporariamente descarregados devem ser providas de protetores ou guias ou outros dispositivos apropriados para guiar o cabo de volta para a ranhura quando a carga for aplicada novamente.

2º Cabos
Ao usar cabos de içamento, devem ser seguidas as recomendações do fabricante do guindaste. A carga nominal dividida pelo número de pernas de cabo não deverá exceder 20% da resistência de ruptura do cabo nominal.

O sistema de soquetes (fixação do cabo à manilha) deverá ser realizado da maneira especificada pelo fabricante do equipamento. Os cabos deverão ser presos ao tambor conforme segue:
a. Pelo menos seis voltas de cabo deverão sobrar no tambor quando o gancho estiver em sua posição mais baixa.
b. A ponta do cabo deverá ser fixada por um grampo firmemente preso ao tambor ou por meio de um sistema de soquete aprovado pelo fabricante do guindaste ou do cabo.

MANUAL DO ALMOXARIFE

c. A extremidade de um cabo será presa com clipes distribuídos com manilhas - U e deverão ter ao longo do laço na ponta do cabo. O espaçamento e número de todos os tipos de clipes deverão estar em conformidade com as recomendações do fabricante dos terminais. Os terminais deverão ser de aço estampado a quente em todos os tamanhos fabricados comercialmente. Quando um cabo recentemente instalado estiver em operação durante uma hora, todas as porcas nos terminais de cabo deverão ser apertadas novamente.

d. Conexões ajustadas por expansão ou compressão deverão ser aplicadas conforme recomendado pelo fabricante do cabo ou do guindaste.

e. Os cabos de reposição deverão ser do mesmo tamanho, grau e construção que o cabo original fornecido pelo fabricante do guindaste.

f. Normas nacionais e internacionais de segurança exigem que os laços de cabos de aço (estropos) sejam confeccionados com olhal trançado e prensado com presilha de aço.

3° Equalizadores
Se uma carga for suportada por mais de uma perna de cabo a tensão nas pernas deverá ser equalizada.

4° Ganchos
Os ganchos devem possuir trava de segurança e não poderão ser sobrecarregados, observando sempre as recomendações do fabricante

5° Lanças do guindaste
Os retentores da lança deverão ser instalados de forma a limitar o curso da lança além de um ângulo acima da horizontal indicado no manual de operação do fabricante.

Guindastes serão equipados com um indicador de ângulo de lança e um dispositivo duplo-bloqueio. O jibe dos guindastes telescópicos só poderá ser montado ou desmontado por pessoas capacitadas,

SISTEMAS DE ELEVAÇÃO E MOVIMENTAÇÃO DE CARGAS

normalmente o próprio operador do guindaste.

6° Capacidade de carga

As capacidades de carga são baseadas na competência estrutural do guindaste e sua margem de estabilidade. A capacidade de um guindaste com um comprimento específico de lança e raio de serviço está relacionada na tabela de capacidade do fabricante. Essa tabela é o guia para esse guindaste, porque cita os limites para os quais os componentes foram projetados. A tabela de capacidade indicará os limites que são baseados na competência estrutural, nos componentes do guindaste que podem ceder antes que ele se incline, ou nos limites que, se forem excedidos, causarão sua inclinação. Em nenhuma condição devem ser ultrapassados os limites de carga especificados pelo fabricante.

A margem de estabilidade do guindaste baseia-se na carga que pode levá-lo a inclinar ou balançar quando a lança estiver em sua direção menos estável, isto é, estendida para o lado. A inclinação ocorre quando do as rodas ou esteiras do lado oposto da lança saem de sua posição inicial sem carga. A carga nunca deverá ser içada acima desse ponto. As capacidades relacionadas na tabela refletem uma margem de segurança de 15 a 25% abaixo do peso real de inclinação.
Os guidastes são classificados conforme descrito abaixo:

1. Guindastes estáticos (fixos)
• Guindaste fixo com mastro giratório de torre
• Guindaste com mastro não giratório ou A-frame
• Guindaste para carga pesada com mastro giratório ou Guy derrick.

Figura 16.6 - Guindaste de torre fixa giratório

2. Guindastes móveis
- Guindaste com lança telescópica sobre pneus
- Guindaste com lança treliçada sobre pneu
- Guindaste com lança treliçada sobre esteria
- Guindaste com lança telescópica sobre veículo
- Guindaste para carga pesada, sobre esteiras, com com mastro e contra-peso giratório
- Guindaste para carga pesada, com anel suporte.

Figura 16.7 - Guindaste com lança treliçada com esteira

Capítulo 17

INSPEÇÃO DE ACESSÓRIO E EQUIPAMENTO DE MOVIMENTAÇÃO DE CARGA

Todos os equipamentos e acessórios devem ser inspecionados antes de sua utilização ou períodicamente. Essa inspeção deverá ser realizada por pessoal qualificado. Nessa inspeção será verificado que os itens não apresentam defeitos e se são adequados ao tipo de trabalho a ser realizado.

Inspeção de Acessórios para Amarração ou Movimentação de Cargas

Todo acessório que será utilizado tanto na movimentação como na amarração de cargas deve ser inspecionado no ato do recebimento, tanto para material novo quanto para material devolvido a ferramentaria após utilização. Acessórios que não atendam aos requisitos especificados devem ser devolvidos, no caso de material novo e destruídos para o caso de material devolvido da área.

Inspeção de aceitação, freqüência e periodicidade

Antes de iniciar qualquer tipo de operação, todos os acessórios deverão ser inspecionados e testados para comprovar seu atendimento às disposições das normas legais pertinentes e as exigências e/ou especificações do fabricante. O Setor de Segurança do Trabalho deverá acompanhar os testes e exames e manter em arquivo, cópia dos relatórios de inspeção que deverão ser apresentados quando solicitados.

Periodicamente (a cada seis meses) todos os acessórios devem ser inspecionados.

Cabos de serviço

Uma inspeção completa de todos os cabos deverá ser realizada pelo menos uma vez por mês e um relatório completo escrito, datado e assinado das condições dos cabos e mantido em arquivo. Qualquer deterioração que possa constituir um risco de acidente deverá ser cuidadosamente anotada, e tomada uma decisão quanto à possibilidade do uso posterior do cabo.

Alma Saltada e Gaiola de Passarinho

Esses defeitos podem ser gerados por alívio repentino de tensão

Figura 17.1- Alma saltada

Figura 17.2 - Gaiola de passarinho

Rompimento

Tipo de problema que ocorre em cabos de aço que trabalhou fora da polia. Na figura 17.3 podem ser percebidas duas características de rupturas nos arames: amassamento e sobrecarga

SISTEMAS DE ELEVAÇÃO E MOVIMENTAÇÃO DE CARGAS

Figura 17.3 - Ruptura de um cabo de aço

Ruptura de Pernas
Esse tipo de defeito é gerado por algum acidente durante o trabalho com o cabo.

Figura 17.4 - Ruptura de pernas

Demais cabos
Todos os cabos que tenham ficado sem uso por um período de um mês ou mais devido à parada do guindaste onde estavam instalados, deverão ser inspecionados antes de serem usados. Essa inspeção deverá verificar todos os tipos de deterioração e deverá ser realizada por uma pessoa designada cuja aprovação será necessária para a continuidade de utilização do cabo. Um relatório escrito e detalhado das condições do cabo deverá estar sempre disponível para auditorias.

Esmagamento
Dano geralmente causado pelo enrolamento desordenado de cabos no tambor ou mesmo pelo incorreto ângulo formado entre a polia de desvio e o tambor, conforme exemplo mostrado nas figuras 17.5 e 17.6.

Figura 17.5 - Exemplo de cabo esmagado

Ruptura de arames

A ruptura de arames no vale deve ser tratada com muito cuidado, pois a mesma é gerada através do "nicking" formado pelo atrito entre pernas.

Figura 17.6 - Ruptura de arames no vale

Rabo de porco

Gerado pelo trabalho do cabo em diâmetros pequenos como mostrado na figura 17.7.

Figura 17.7 - Cabo apresentando o defeito rabo de porco

Inspeção e identificação de Cabos e Estropos

Assim como os cabos, cada estropo deverá ser numerado e possuir um código de cor diferente para cada mês, para atestar a realização da inspeção mensal. Um relatório escrito e detalhado das condições dos estropos deverá estar sempre disponível para auditorias.

Inspeção de Cintas
Deve-se inspecionar o conjunto de amarração ou elevação antes da sua utilização em busca de defeitos aparentes. Não existe uma regra precisa para se determinar o momento exato da substituição de uma cinta de nailon, uma vez que diversos fatores estão envolvidos.

Caso sejam constatados defeitos (figuras 17.8, 17.9 e 17.10) que possam colocar em risco a segurança, deve-se retirar o conjunto de amarração de uso.

Fios Rompidos
A ruptura de fios, geralmente ocorre por abrasão, fadiga por flexão ou amassamentos gerado por uso indevido ou acidente durante o funcionamento da cinta, podendo ocorrer tanto nos fios internos quanto nos externos.

Figura 17.8 - Cinta de nylon apresentando rompimento de fio

Figura 17.9 - Alongamento da cinta com rompimento de diversos fios da trama

MANUAL DO ALMOXARIFE

Figura 17.10 - Desfibramento de uma cinta resultando em colapso total

Inspeção dos Ganchos e demais Terminais Metálicos

Os ganchos de carregamento e contra pinos de lança serão inspecionados periodicamente com instrumento de partícula magnética ou outro sistema adequado de detecção de rachaduras (líquido penetrante) a fim de detectarem possíveis deformidades.

A inspeção visual de todos os ganchos deverá ser realizada em paralelo com inspeção mensal de cabos de aço e estropos. Quando for detectado abertura superior à 5% nos ganchos ou deformações em geral, esse deve ser descartado.

Nos terminais metálicos, retire de uso quando constatar alongamento e abertura superior a 5%, fissuras, corrosão considerável e deformações permanentes.

Inspeção de Catracas

As catracas serão inspecionadas periodicamente com instrumento de detecção de rachaduras (líquido penetrante) a fim de detectarem possíveis deformidades. Quando forem detectadas fissuras, trincas, amassamentos, redução de área metálica, rupturas ou corrosão na catraca e nos terminais metálicos, essas deverão ser descartadas.

SISTEMAS DE ELEVAÇÃO E MOVIMENTAÇÃO DE CARGAS

Retire de uso quando as catracas apresentarem deformações no tambor ranhurado e na trava de segurança, desgaste da engrenagem ou ruptura da alavanca de tensão.

Inspeção de Equipamentos de Movimentação de Cargas

Qualquer movimentação de uma carga pesada é uma operação que exige planejamento, técnica e experiência. Através de comprovações práticas ao longo dos anos temos percebido que cada vez mais é necessário um planejamento técnico, para as operações, pois esses tem se tornado cada vez mais complexa, pois normalmente o tempo é escasso, o espaço de operação é menor, as cargas mais pesadas e delicadas, os equipamentos mais sofisticados, enfim existe uma necessidade constante de aperfeiçoamento de equipamento, acessórios e funcionários.

Problemas podem ser evitados com uma analise técnica da operação, que consta de um estudo de rigging e uma adequação do equipamento a carga a ser içada. A importância do Estudo de Rigging e sua correta utilização na correção de eventuais problemas logísticos, ainda na fase de planejamento, devem ser levadas em consideração desde o inicio da fase de planejamento. Em um estudo de rigging todos os elementos que compõem a operação são levados em consideração.

As operações de Movimentação de Carga necessitam sempre de um planejamento minucioso e uma avaliação dos riscos envolvidos. Uma série de questões devem ser verificadas em um check-list antes de qualquer operação de movimentação de carga. O check-list deve conter no mínimo as seguintes questões:

- Confirmar o peso da carga a ser içada
- Verificar a capacidade dos acessórios e equipamento de içamento
- Verificar o ângulo dos estropos e como foram especificados

MANUAL DO ALMOXARIFE

- Necessidade de proteger os estropos e cintas de cantos vivos
- Verificar se o CG vai ficar na linha de içamento
- Se a equipe já realizou uma operação igual ou similar
- Se a equipe conhece os acessórios e equipamentos que vão ser utilizados
- Há procedimentos escritos para movimentação de carga
- A carga está livre, solta e sem travamentos
- Verificar a área de trabalho para confirmar se a operação será realizada em área livre de fiação, postes ou outras interferências que possam provocar acidentes
- A carga tem pontos apropriados para instalar estropos
- O solo onde estará a máquina suportará o peso da carga somados ao do equipamento.

Esse checklist pode ser ampliado sempre no intuíto de aumentar a segurança. Se algumas dessas questões não puder ser respondida positivamente, é necessário uma avaliação de risco mais profunda e convocação de pessoal mais experiente. Segundo a ASME B30 – Safety standards, ".... é necessário que o pessoal envolvido no uso e operação de equipamentos e acessórios seja competente, cuidadoso, fisica e mentalmente qualificado e treinado para a operação segura dos equipamentos e para o manuseio de carga".

Inspeção de aceitação, freqüência e periodicidade
Antes de iniciar sua operação, todos os equipamentos de movimentação e elevação de carga deverão ser inspecionados e testados para comprovar seu atendimento às disposições das normas legais pertinentes e as exigências e/ou especificações do fabricante. Os equipamentos deverão ser submetidos a testes de carga e serem examinados detalhadamente antes de entrarem em operação. O Setor de Segurança do Trabalho deverá acompanhar os testes e exames e manter em arquivo, cópia dos relatórios de inspeção que deverão ser apresentados quando solicitados.

Quando a configuração do equipamento for alterada, ou o equipa-

SISTEMAS DE ELEVAÇÃO E MOVIMENTAÇÃO DE CARGAS

mento tiver sido desmontado ou remontado, um novo teste deverá ser efetuado.

Inspeções de empilhadeiras

Os procedimentos de inspeção para as empilhadeiras em uso regular deverão ser divididos em duas classificações gerais baseadas nos intervalos entre inspeções. Os intervalos por sua vez dependem da natureza dos componentes críticos da empilhadeira e o nível de exposição ao desgaste, deterioração e defeitos. As duas classificações gerais são aqui designadas como "freqüente" e "periódica", com os intervalos respectivos definidos da seguinte forma.

• Inspeção freqüente – deverá ser usado o mesmo relatório de pré-aceitação (mostrado no anexo 6).

• Inspeção periódica – intervalos maiores do que um mês.

As empilhadeiras e demais equipamentos de movimentação deverão ser inspecionados regularmente. Registros escritos, assinados e datados dessas inspeções deverão estar sempre disponíveis para as auditorias. Esses registros deverão incluir detalhes sobre o serviço e manutenção da empilhadeira.

Testes de capacidade de içamento

Deverão ser realizados após cada reparo ou modificação substancial no guindaste. Esse teste deverá ser documentado nos arquivos.

Contratada e suas Subcontratadas serão responsáveis pela realização de inspeções precisas e corretas de guindastes de todos os tipos ao chegarem à obra.

Operação de Equipamentos de Movimentação de Carga

Somente pessoas autorizadas e qualificadas poderão operar equipamentos de movimentação de carga. Os operadores devem portar o cartão de identificação como operador de equipamentos de movimentação de carga, que será revalidado a cada ano, após a emissão do Atestado de Saúde Ocupacional (ASO). O operador de equipamentos de movimentação de carga deverá obedecer às especifica-

MANUAL DO ALMOXARIFE

ções do fabricante e as limitações aplicáveis à operação de todos os guindastes. A Contratada e/ou suas Subcontratadas deverá fornecer evidências de que os operadores são devidamente treinados e habilitados para operar cada equipamento específico utilizado.

GLOSSÁRIO

Acessórios Amarração de Cargas (AAC) - é qualquer mecanismo que tenha condições para fixar uma carga.

Acessórios de Movimentação de Cargas (AMC) - é qualquer mecanismo que tenha condições para movimentar uma carga.

Almoxarife - profissional que administra o almoxarifado que é a unidade administrativa responsável pelo controle e pela movimentação dos bens de consumo de uma empresa.

Anelões – são acessórios de movimentação de carga que são utilizados como elos de sustentação em lingadas. São confeccionados em aço.

Arganéu – argola ou anel onde se amarra cabos.

As built – modelo exato da planta existente.

ASO – atestado de saúde ocupacional.

Balancim – são estruturas utilizadas no içamento de cargas que tem como característica de melhorar o posicionamento dos pontos de pega dos tropos evitando que sofram flexão.

Cabo - acessório muito utilizado na movimentação de cargas e podem ser confeccionados em malha de aço com alma de aço, poliéster e outras fibras.

Caminhão tipo Munk – veículo transportador com uma lança telescópica para içamento de carga.

Capacidade de carga – são os limites baseados na competência estrutural dos componentes de um material para os quais foram projetados.

Carga de ruptura ou resistência máxima á tração – é a carga máxima que um material é capaz de suportar sem romper. Essa carga é sempre menor que a carga de ruptura teórica.

Carga de ruptura teórica (carga indicada nos catálogos dos fabricantes) – é o resultado da resistência do material multiplicada pela área total da seção transversal de todo o material em questão.

Carga limite de trabalho ou WLL (Working Load Limit) – é a carga

MANUAL DO ALMOXARIFE

máxima com a qual um determinado equipamento poderá trabalhar, considerando que foi projetado para essa carga.

Carga segura de trabalho ou SWL (Safe Working Load) – é a carga segura para trabalhos de movimentação de cargas em determinadas condições. Essa carga será sempre menor do que a carga limite de trabalho - WLL.

Carga súbita – são cargas dinâmicas que surgem com o movimento das cargas devido a aceleração e desaceleração brusca.

Catarina – é uma polia instalada em uma chapa de aço que gira num eixo.

Caturro – jogo longitudinal (acelerações) nas embarcações quando estão navegando.

Centro de gravidade – é o ponto onde todo o peso de certo material está concentrado.

CIPA – atividade regulamentada pela norma brasileira NR – 5.

Cintas – acessório muito utilizado na movimentação de cargas e podem ser confeccionados em malha de aço, poliéster e outras fibras.

Deslizamento de carga – ocorre quando a falta de aderência (vide força de atrito), entre a carga e o assoalho do dispositivo transportador.

Destorcedor – é um acessório utilizado em içamento com a vantagem de girar em torno do próprio eixo.

Elementos restritivos de contenção de cargas – são produtos que, além de terem alto coeficiente de atrito, também têm a característica de manter esse coeficiente constante em situações adversas, como a umidade.

Equipamentos para Movimentação de Cargas (EMC) - são considerados equipamentos de movimentação de cargas, os equipamentos que levantam e movimentam para outros locais, materiais diversos.

Equipamentos de elevação - são considerados equipamentos de elevação de materiais, os equipamentos que levantam e movimentam para outros locais, materiais diversos. Entre esses equipamentos destacam-se os elevadores de carga, guindastes, monta-cargas, pontes-rolantes, talhas, guinchos, gruas, caminhões tipo munck, etc.

GLOSSÁRIO

Escoramento de cargas – é o ato de travar a carga com objetivo de imobilizá-la a fim de que a mesma não se mova e provoque avaria ao equipamento transportador, à tripulação e a própria carga, em decorrência do balanço natural durante a viagem.

Eslinga ou linga - estropo grande de cabo ou corrente, ou rede para içar ou arriar cargas pesadas.

Esticador – acessório utilizado para travamento de cargas.

Estivar – por carga, arrumar carga em.

Estivagem – ato de deslocar carga para o local adequado onde será realizada a estivagem (arrumação da carga).

Estropo - pedaço de cabo ou lona com que se envolve um objeto para içá-lo.

Fator de segurança – é a relação entre a carga que poderia causar a ruptura ou falha no equipamento de carga e a carga segura.

FCIM (Ficha de Conferência e Inspeção de Materiais)– documento utilizado na conferência e inspeção de matérias.

Fixação de carga - ato de prender a carga às partes estruturais do equipamento transportador, com objetivo de imobilizá-la, a fim de que a mesma não se mova e provoque avaria ao equipamento transportador, à tripulação e a própria carga, em decorrência do balanço natural durante a movimentação.

Força de atrito – elemento natural restritivo inerente a cada tipo de material, atua paralelamente entre a carga e os pisos do equipamento transportador, reduzindo ou evitando o deslocamento da mesma. Quanto maior o coeficiente de atrito maior a capacidade de restrição aos movimentos.

Força G – força que atua sobre os corpos na terra, ou seja, é a aceleração da gravidade.

Guincho – equipamento utilizado para carregamento, descarregamento e içamento (elevação) de cargas.

Heeling – movimento (jogo), longitudinal e lateral simultâneo que ocorre quando embarcações estão adernando.

Inércia – é a tendência natural dos corpos de se manterem em equilíbrio no estado de repouso.

Inspeção – ato de verificação no intuito de confirmação ou refutação do evento.

Jibe (jib) – trata-se de uma lança auxiliar utilizado em guindastes treliçados.

Kevlar – é uma poliaramida de carbono utilizada para confeccionar coletes a prova de bala e pneus a prova de furos. Misturado com o Nomex são utilizas para confeccionar roupas a prova de fogo.

Macacos mecânico e hidráulico – acessório utilizado para erguer cargas.

Manilhas (shackles) – é um acessório utilizado para movimentação de cargas.

Modal aéreo - sistema de transporte realizado por via aérea. Utiliza os seguintes equipamentos – avião, helicóptero, hidroavião, dirigíveis, etc.

Modal aquaviário - sistema de transporte realizado via mar, rios ou lagos. Utiliza os seguintes equipamentos – navios, barcaças, etc.

Modal dutoviário - sistema de transporte realizado por via de dutos. Utiliza os seguintes equipamentos – dutos abertos e fechados.

Modal ferroviário - sistema de transporte realizado por via férrea.

Modal rodoviário – sistema de transporte realizado por via rodoviária.

Modal de transporte – sistema de transporte que ocorre através dos seguintes meios físico – aéreo, aquaviário e terrestre.

Moitões – conjunto de múltiplas roldanas, separadas por chapas de aço, ligadas por barras de aço nas laterais e com um eixo central.

Nomex – tecido resistente a chama confeccionado com fibras de aramidas (família de polímeros derivado do nylon.

Palete – estrutura de engenharia, similar a um estrado, composto por vigas que pode ser confeccionado com os mais diversos tipos de materiais, tais como: madeira, aço, papelão, isopor, borracha, plástico e material composto (polímero/madeira).

Patesca – trata-se de uma polia instalada numa armação de chapa de aço.

Peação de carga - consiste na amarração de carga às partes estruturais do equipamento transportador ou a olhais e arganéis, especialmente colocados para esse fim.

GLOSSÁRIO

Pega de carga – forma de prender uma carga para que ocorra o içamento.

Pipeshop – área destinada à preparação e fabricação de tubulações, normalmente instalado em canteiros de obras.

Portagem – tributo que se paga por carga e passagem, as portas de uma cidade ou ponte (pedágio).

PT (Permissão de Trabalho) – documento não regulamentado utilizado por empresas para permitir acesso de pessoas às áreas operacionais.

Rechegador - são profissionais que atuam na movimentação de cargas em terminais e portos. Eles são os responsáveis pelo deslocamento da carga para o local adequado onde será realizada a estivagem.

Resistência ao amassamento – é a resistência de um cabo de aço ao resultado das pressões externas, que podem modificar o formato da seção transversal do cabo.

Resistência a rotação – é o resultado do torque causado pela carga aplicada em um cabo.

Rigger – termo usado para qualificar o profissional habilitado em movimentação de cargas.

Rigging – termo usado para indicar o estudo de operações para içamento ou movimentação de cargas.

Roseta – dispositivo utilizado para conter cargas. Trata-se de chapas de aço com dentes que agarram embalagens de madeira contra assoalhos de madeira.

Spools – conjunto pré-fabricado no pipeshop, onde são interligados tubos com conexões (curvas, flanges, etc).

Tabique – parede ou divisória de madeira ou qualquer outro material que não tijolos.

Tag – na área de logística é a codificação dos materiais feita de acordo com a posição desse em um projeto.

Tartaruga – dispositivo utilizado para movimentação e remoção de cargas em um mesmo plano.

Tipos de modal de transporte – rodoviário, marítimo, lacustre, hidroviário, ferroviário, dutoviário e aéreo.

MANUAL DO ALMOXARIFE

Tirfor – equipamento que utiliza cabos de aço para tracionar (puxar) cargas.

Trama – conjunto dos fios que se faz passar transversalmente entre fios estendidos para compor uma malha.

Tombamento de carga – ocorre devido a falta de estabilidade da carga e/ou veículo transportador.

REFERÊNCIAS

CASTIGLIONI, José Antonio de Mattos. Assistente administrativo. São Paulo: Érica, 2006.

COUTO, Hudson de Araújo. Ergonomia aplicada ao trabalho. Belo Horizonte: Ergo, 1995.

CYBIS, W.A, BETIOL, A.H. & FAUST, R, Ergonomia e Usabilidade – Conhecimentos, Métodos e Aplicações . Novatec Editora. ISBN 978-85-7522-138-9.

DEJOURS, Cristophe. O fator humano. Rio de Janeiro: Fundação Getúlio Vargas, 1997.

DONATO, Vitório – Logística Verde. Rio de Janeiro: Ciência Moderna Ltda. 2008. ISBN 9788573937053.

__ Manual de movimentação de cargas. Procedimento de trabalho da Copene Petroquímica do Nordeste S.A. Camaçari, 1998.

DUL, J., WEEDMEESTER, B. Ergonomia prática. São Paulo: Edgard Blücher, 1995.

GRANDJEAN, Etienne. Manual de ergonomia: adaptando o trabalho ao homem. 2. ed. Porto Alegre : Bookman, 1998.

LEITE, Paulo Roberto - Logística Reversa: meio ambiente e competitividade. São Paulo: Prentice Hall, 2003. ISBN 978-85-87918-62-8.

QUARESMA, Francisco J.G. – Manual prático de montagem industrial. Rio de Janeiro: Q3 editora. 2007. ISBN 978-85-60758-00-5.

MARTINS, Petrônio Garcia. Administração de materiais e recursos patrimoniais. São Paulo: Saraiva, 2005.

VIDAL, M.C.R. Ergonomia na Empresa: util, prática e aplicada. 2a. ed., Rio de Janeiro, Editora Virtual Científica, 2002.

Outros

Associação Brasileira de Normas Técnicas. NBR 7468: Proteção contra deslocamentos ou quedas de cargas em veículos rodoviários de carga. Sistema de fixação de cargas em veículos rodoviários de carga. Rio de Janeiro ABNT, 1982.

MANUAL DO ALMOXARIFE

___ NBR 7470: Bloqueio e escoramento de cargas em veículos rodoviários de carga. Rio de Janeiro ABNT, 1982.

___ NBR 7500: Identificação para o transporte terrestre, manuseio, movimentação e armazenamento de produtos. Rio de Janeiro ABNT, 2004.

Fontes das ilustrações - As ilustrações deste livro foram em parte capturadas no banco de imagens do site www.google.com.

Sites

http://www.inmetro.gov.br/consumidor/unidLegaisMed.asp, capturado em 24.05.2007.

ANEXOS

ANEXO 1
Tabela de conversão de polegadas para milímetros

POLEGADA	0	1	2
0	0,00	25,40	50,80
1/32	0,79	26,19	51,59
1/16	1,59	26,99	52,39
3/32	2,38	27,78	53,18
1/8	3,18	28,58	53,98
5/32	3,97	29,37	54,77
3/16	4,76	30,16	55,56
7/32	5,56	30,96	56,36
1/4	6,35	31,75	57,15
9/32	7,14	32,54	57,94
5/16	7,94	33,34	58,74
11/32	8,73	34,13	59,53
3/8	9,53	34,93	60,33
13/32	10,32	35,72	61,12
7/16	11,11	36,51	61,91
15/32	11,91	37,31	62,71
1/2	12,70	38,10	63,50
17/32	13,49	38,89	64,29
9/16	14,29	39,69	65,09
19/32	15,08	40,48	65,88
5/8	15,88	41,28	66,68
21/32	16,67	42,07	67,47
11/16	17,46	42,86	68,26
23/32	18,26	43,66	69,06
3/4	19,05	44,35	69,85
25/32	19,84	45,24	70,64
13/16	20,64	46,04	71,44
27/32	21,43	66,83	72,23
7/8	22,23	47,63	73,03
29/32	23,02	48,42	73,82
15/16	23,81	49,21	74,61
31/32	24,61	50,01	75,41

MANUAL DO ALMOXARIFE

ANEXO 2

Material	Densidade t/m3
Aço	7,84
Água salgada	1,026
Alumínio	2,64
Areia	1,6
Brita	1,35
Óleo	0,928

ANEXOS

ANEXO 3

Grandeza	Nome	Plural	Símbolo
comprimento	metro	metros	m
área	metro quadrado	metros quadrados	m^2
volume	metro cúbico	metros cúbicos	m^3
ângulo plano	radiano	radianos	rad
tempo	segundo	segundos	s
freqüência	hertz	hertz	Hz
velocidade	metro por segundo	metros por segundo	m/s
aceleração	metro por segundo por segundo	metros por segundo por segundo	m/s^2
massa	quilograma	quilogramas	kg
massa específica	quilograma por metro cúbico	quilogramas por metro cúbico	kg/m^3
vazão	metro cúbico por segundo	metros cúbicos por segundo	m^3/s
quantidade de matéria	mol	mols	mol
força	newton	newtons	N
pressão	pascal	pascals	Pa
trabalho, energia quantidade de calor	joule	joules	J
potência, fluxo de energia	watt	watts	W
corrente elétrica	ampère	ampères	A
carga elétrica	coulomb	coulombs	C
tensão elétrica	volt	volts	V

resistência elétrica	ohm	ohms	Ω
condutância	siemens	siemens	S
capacitância	farad	farads	F
temperatura Celsius	grau Celsius	graus Celsius	°C
temp. termodinâmica	kelvin	kelvins	K
intensidade luminosa	candela	candelas	cd
fluxo luminoso	lúmen	lúmens	lm
iluminamento	lux	lux	lx

ANEXOS

ANEXO 4

Grandeza	Nome	Plural	Símbolo	Equivalência
volume	litro	litros	l ou L	$0,001\ m^3$
ângulo plano	grau	graus	°	$\pi/180$ rad
ângulo plano	minuto	minutos	′	$\pi/10\ 800$ rad
ângulo plano	segundo	segundos	″	$\pi/648\ 000$ rad
massa	tonelada	toneladas	t	$1\ 000$ kg
tempo	minuto	minutos	min	60 s
tempo	hora	horas	h	3 600 s
velocidade angular	rotação por minuto	rotações por minuto	rpm	$\pi/30$ rad/s

Fonte: Inmetro, 1997

ANEXO 5

Modelo de Ficha de Conferência e Inspeção de Materiais

Logomarca da empresa	FCIM – Ficha de Conferência e Inspeção de Materiais	Data:
AFM:	NF/data:	F C I M n°
Especificação de cadastro:		
Especificação do material recebido:		
Tipo de Conferência/inspeção: Conferência de volume ( )　　Inspeção tipo A ( ) Conferência de material ( )　　Inspeção tipo B ( )		
Tipos de ensaios realizados no recebimento:		
Critérios para Aceite ou Rejeição:		
Observação:		
Visto/matricula:		

221
ANEXOS

ANEXO 6

Inspeção diária de empilhadeiras

DATA: ____/____/____

Inspeções realizadas antes de sair do pátio de estacionamento
1°. Nível de fluidos
a) Óleo de Motor ( )
b) Água do Radiador ( )
c) Óleo Hidráulico ( )
d) Combustível ( )

2°. Luzes de alerta e equipamentos de segurança e instrumentos
a) Rodas/Aros/Pneus ( )
b) Sistema de Freio ( )
c) Dispositivos de Iluminação Refletores ( )
d) Dispositivos de Acoplamento ( )
e) Instrumento de painéis ( )
f) Mecanismo de Direção ( )
g) Buzina ( )
h) Retrovisores ( )
i) Equipamentos de Emergência ( )

3°. Danos na Estrutura, Torre, Lança e Pneus
a) Inspeção visual do veículo quanto a danos que possam comprometer seu desempenho.
b) Cheque e calibragem dos pneus, e remover qualquer material estranho na banda de rodagem.
c) Inspecionar as pontas da lança.
d) Inspecionar o indicador do ângulo da lança.
e) Verificar as condições das correntes de aço da torre.

Legenda:

S - Satisfatório
N - Não Satisfatório
X - Não Aplicado

_____
Assinatura

ANEXO 7

ANEXOS

Qualificação e procedimento para operadores de empilhadeiras

Qualificações mínimas exigidas para operadores de empilhadeira:
- Ter idade mínima de 21 anos
- Estar física e mentalmente apto e capaz de operar empilhadeiras com segurança
- Conhecer as funções do "rigger" e do pessoal que prende a carga, inclusive toda a sinalização em pregada
- Estar adequadamente treinado para o tipo de empilhadeira que irá operar
- Estar apto a avaliar distâncias, alturas e não ser daltônico
- Saber utilizar extintores de incêndio e conhecer as formas de segurança
- Estar autorizado a operar o equipamento que irá operar.

Procedimento para operação de Empilhadeira
Antes de iniciar a operação de içamento ou movimentação de carga, o operador deve:
- Observar as condições da empilhadeira, seguindo check-list de inspeção diária do equipamento (anexo 3)
- Estabelecer o plano de movimentação de carga e obter as aprovações necessárias
- Verificar a tabela de carga da máquina
- Verificar a capacidade de resistência do solo
- Identificar obstáculos e interferências na área de movimentação
- Estabelecer plano de isolamento e sinalização da área
- Observar o correto nivelamento da empilhadeira
- Definir a posição de trabalho do sinaleiro e conferir se o sinaleiro conhece os sinais de içamento de carga
- O operador deve permanecer na cabine de comando durante a operação do equipamento

MANUAL DO ALMOXARIFE

- Não permitir o acesso de outras pessoas ao posto de trabalho
- Ao estacionar a empilhadeira, manter seus controles na posição neutra, freios aplicados, travamento acionado e lança apoiada no solo.

Anexo 8
Modelo do Documento - Permissão do Trabalho

Dia/mês/ano	Clas. da atividade	Assinaturas		Área classificada	Área não classificada	Trabalho em cota zero	Trabalho em altura	Dia de chuva	Dia de sol	Ambiente confinado	Ambiente aberto	Trabalho noturno	Trabalho diurno	Trabalho novo	Cont. de trab. interrompido
		Empre.	Encar												
\ \															
Dia/mês/ano	Material de proteção	Assinaturas		Capuz/ capacete	Visor ou óculos	másc. c/ filtro comb.	Más-cara p/ partí-culas	Prot. auric. plug/ concha	Luva vaqueta	Jaleco longo	Luva impermeável	Avental imp. frontal	Calçado	Botina de segur.	Bota imper-meável
		Empre.	Encar												
\ \															
Dia/mês/ano	Atividade	Assinaturas		Serviço c/ solda	Serviço com chave de bater	Serviço de corte	Trabalho com pintura	Trabalho de isolamento	Limpeza de área	Substituição de lâmpada	Montagem de andaime	Manutenção mecânica	Trabalho utilizando ar comprimido	Radio-grafia	Serviço elétrico
		Empre.	Encar												
\ \															
Dia/mês/ano	Riscos	Assinaturas		Queima-dura	Imprensado contra	Corte	Intoxicação	Intoxicação	Pó	Queda/choque	Queda/atingido por	Atingido por	Atingido por	Conta-minação	Dano elétrico
\ \		Empre.	Encar												
\ \															
\ \															
\ \															

ÍNDICE REMISSIVO

A

AAC 141
Acessórios de amarração de cargas 141
Aço 120, 133
Alma saltada 198
Almoxarifado 5
Almoxarife 6
Amarração 127
Amostra 36
Amostragem 101
Anelão 181
Arganéu 207
As built 207
Aso 205
Avaliação de fornecedores 101

B

Balancim 179
Basket 171

C

Cabo 129
Caminhão 192
Capacidade de carga 195
Carga de ruptura 142
Carga de ruptura 147, 148, 155
Carga limite 169
Carga segura de trabalho 142
Carga súbita 147
Carregamento 12, 125

Carregamento 11
Catarina 175, 176
Catraca 142, 143, 144, 202
Catraca 134
Centro de gravidade 170
Centro de gravidade 127, 168
Certificado de 103, 104, 105, 107, 109, 110, 111
Cesta 171, 172
Choker 172
Chumbador 151
Cintas 139
Cintas 142, 145, 175, 177, 201
Cipa 51, 52
Código de barras 88
Código de barras 90
Como utilizar 134
Conferência de recebimento 30, 95
Conferência física 95
Conferência total 95
Contêiner 133
Contêiner 138
Contenção de carga 208
Corda 146, 175
Corda 132
Corrente 132, 133, 137, 148, 175
Cunha 151

D

Densidade 29, 30
Descarregamento 12
Deslizamento de carga 208
Destorcedor 182
Diagonal 157
Dimensional 104, 106, 107, 108, 109, 110
Direta 156

ÍNDICE REMISSIVO

E

Ean 88, 89
Elementos restritivos de contenção de cargas 208
Embalagens 13, 67
Emc 185, 208
Empilhadeira 17, 129, 185, 188, 205
End fitting 150
Envolvente 155
Equipamentos de elevação 165, 208
Equipamentos para movimentação de cargas 185, 208
Escoramento de cargas 209
Eslinga 174, 209
Esmagamento 199
Especial 182
Esticador 148, 180, 209
Estiva 128
Estivadores 129
Estoquista 10
Estropo 178
Estropos 200

F

Fadiga 141
Fator de segurança 142
Fcim 97, 98, 100
Ficha de conferência e inspeção de materiais 97
Fixação de carga 128, 131
Flamengo 151
Flange 105
Forca 172, 173
Força de atrito 153
Forca dupla 173
Força G 209
Forjado 151

G

Gaiola de passarinho 198
Gancho 134, 175, 180
Guincho 145
Guindaste 129, 185, 192
Guindastes estáticos 195
Guindastes móveis 196

H

Heeling 209
Histórico da 77
Hitch 174
Hooks 180

I

Içamento de carga 207
Inclinada 158
Indicadores de tensão 151
Indicadores de tensão 152
Inércia 153, 209
Inspeção 103, 104, 105, 106, 107, 108, 110, 197, 200, 201, 202, 203, 204
Inspeção de 201, 202, 203, 204
Inspeção de aceitação 197, 204
Inspeção de acessórios 197
Inspeção de catracas 202
Inspeção de cintas 201
Inspeção de equipamentos 203
Inspeção de recebimento 96
Intencional 102
Inventário 15

J

Jibe 210
Juntas 107, 108

ÍNDICE REMISSIVO

K

Krypton 21

L

Laço dobrado 151
Laço flamengo 151
Laço trançado 151
Lifting frames 179
Lifting rings 181
Lingada 171, 174, 178
Links 181
Logística reversa 66
Logística verde 63

M

Macacos mecânico e hidráulico 210
Manilha 149, 175, 181
Manta de borracha 136
Material de fixação 132
Modal aéreo 210
Modal aquaviário 210
Modal de transporte 210
Modal de transporte 128
Modal dutoviário 210
Modal ferroviário 210
Modal rodoviário 210
Moitão 177
Monovia 190
Movimentação de cargas 165

N

Não intencional 102
Não probabilística 102
Nó 147

Nomex 54, 210

O

Olhal 145, 151
Olhal com encosto 183
Olhal sem encosto 182
Operadores 129

P

Padrões de 75, 76
Palete 55
Parafuso giratório 182
Patesca 175, 176
Peação de carga 210
Pega de carga 211
Permissão de trabalho 55, 56
Pipeshop 211
Ponte rolante 185, 190
Por atrito 154
Porcentagem 33, 34
Portagem 5, 211
Pórtico 18, 187
Prensado 151
Probabilística 102

Q

Qualidade 75, 76, 77, 103, 104, 105, 107, 109, 110, 111

R

Rabo de porco 139, 200
Rastreabilidade 102
Rechegador 129, 211
Redes 150
Redes 133
Resistência 141

ÍNDICE REMISSIVO

Resistência a rotação 211
Rigger 165, 211
Rigging 203, 211
Roldanas 175, 176, 193
Rompimento 139, 198
Roseta 136
Ruptura de pernas 199

S

Safe working load 142, 208
Shackles 181, 210
Simbologia 69, 70, 71
Sistema de endereçamento 114, 115
Snatch block 176
Soquete 151, 193
Spools 211
Spreader bar 179
Suprimento 10, 40
Swl 142

T

Tabique 211
Tag line 165
Talha 185, 186, 187
Tartaruga 211
Terminais 142 , 150, 176 , 202
Tipos de 71, 95, 131, 150, 153, 171
Tipos de modal de transporte 211
Tirfor 212
Tombamento de carga 212
Tornel 182
Trama 212
Travamento 135
Tubo 104
Twist lock 149

U

UCC 88, 89

V

Válvulas 108
Visual 103, 104, 105, 106, 108, 109, 110, 111

W

Wire rope 142
WLL 208

ANOTAÇÕES

Impressão e acabamento
Gráfica da Editora Ciência Moderna Ltda.
Tel: (21) 2201-6662